WE SHARE THE SUN
驕陽下，我們一起奔跑

肯亞傳奇跑步教練與地表最速跑者的奇妙旅程

The Incredible Journey of Kenya's Legendary Running Coach Patrick Sang and the Fastest Runners on Earth

莎拉·吉爾哈特 — 著　　游淑峰 — 譯

SARAH GEARHART

WE SHARE THE SUN

The Incredible Journey of Kenya's Legendary Running Coach Patrick Sang and the Fastest Runners on Earth

SARAH GEARHART

獻給金妮

For Ginny

高原上的日子安安靜靜，丘陵綿延，

沿路羊隻三三兩兩，穿著破舊二手上衣的孩子，揮揮手。

陽光燦爛，草地乾枯，肋骨突出的飢餓牛隻。

產出的牛乳因而較少。

赤褐色的泥土沾上每雙鞋。

無處可去的塑膠瓶和其他可回收物，只能被棄置在地上。

或是變成燃燒的殘餘物飄散在空氣裡。

一堆衣物旁邊放著幾桶冷水和幾塊肥皂。

私人小巴人滿為患，乘客疊坐著。

辮子。以及綁辮子的人。

世界其他地區看不到的各式芒果。

蚊子，非瘧疾的那種。

還有跑者。認真嚴肅的那種。

他們跑步不是為了快樂，而是為了專業，

安靜地訓練，沒有耳機；沒有擺拍留影。

在某處，一個小男孩獨自站著，

而且他把這一切看成是一種生活的方式。

目錄

團結中的力量——umoja ni nguvu

新的黎明——mwangaza mpya

積沙成塔——haba na haba hujaza kibaba

沒有辛勞，就沒有成功——mtaka cha uvunguni sharti ainame

抬頭挺胸——kichwa juu

有耐心的人才吃得到成熟的果子——mvumilivu hula mbivu

推薦序

派翠克・桑教練說：「如果你從一個人的身上拿走運動的部分，還剩下什麼？」

鄭匡寓（博威運動科技・《動一動》運動媒體總編輯—《我跑，故我在》作者）

在二〇一七年，埃利烏德・基普喬蓋（Eliud Kipchoge）偕同派翠克・桑（Patrick Sang）教練、「破二計畫」配速員暨兩屆奧運獎牌得主伯納德・拉加特（Bernard Lagat）一塊來到台灣參訪。台灣耐吉將記者會安排在信義區，記者會上人山人海，眾人關注著基普喬蓋的動向與未來。

相較於基普喬蓋的活躍暢談，教練派翠克・桑反而是安穩、沉靜地坐在一旁，時而順應基普喬蓋的話點點頭，時而露出一抹微笑；很少人會知道他是一九九二年巴塞隆納奧運三千公尺障礙賽銀牌，以及一九九一年、一九九三年世界田徑錦標賽銀牌，更早先前是一九八七年非洲運動會金牌。大多數人只知道，派翠克．桑是基普喬蓋唯一的教練，師徒緣分訖今二十多年。

基普喬蓋被非洲跑者們稱為「哲學家」，人們癡迷、瘋傳他的生活哲學與精神力量。然而，閱讀莎拉．吉爾哈特《驕陽下，我們一起奔跑》，我才理解他的內在力量與智慧源自何處。那不只是個人從閱讀、見識中培養出來，更多是來自於派翠克．桑教練的言傳身教。

如果基普喬蓋是柏拉圖，那派翠克．桑肯定會是蘇格拉底。蘇格拉底沒有留下著作，是柏拉圖把他的語言、智慧記錄下來。基普喬蓋所談論的一切，很大部分來自於人前不太多話、沉靜、練兵嚴謹的派翠克．桑，因為基皮耶貢（Faith Kipyegon）、卡姆沃羅（Geoffrey Kamworor）也同樣受益於他的智慧。遼闊的視野與胸襟，讓他不看腳下，而是幫助跑者看望未來。

閱讀《驕陽下，我們一起奔跑》的過程，不只一次想起謙稱自己是長跑推手、而非長跑教父的潘瑞根老師。他曾經告訴我，很多孩子家裡不是很好過、甚至沒有大人管教，成為體保生或跑步可以幫助他們升學就業；潘老師帶班嚴格且講究紀律，內在卻是用極大的愛與包容帶領年輕的小跑者。要求孩子寫訓練日記、恪守規矩、尊重自己也尊重團體，從日常生活中養成他們的品格與態度。

「成績只是一時，品格是一生的。」潘瑞根老師說道。

「運動員的生涯非常短暫，如果你成為社會中一個有人性的人，你就可以長期為人類服務。」派翠克·桑教練說。

微軟前總裁、世界首富比爾蓋茲曾說過：「教育是脫貧的階梯。」運動也是教育中不可或缺的一環。無論運動教育是否能帶領貧苦子弟走出困境，但運動教育肯定能改變一個人的際遇與思維，進而擁抱更大的可能性。

《驕陽下，我們一起奔跑》不只是派翠克·桑教練與團隊們的故事，也是一齣運動之於生命的戲劇。難以言喻的感動洗滌我的心靈，不只是熱愛長跑運動人，只要對自己生命歷程有嚮往的人，這本書都能帶來美好的收穫與感動。

y o t e   y a w e z e k a n a *

一切都是可能的

all is possible

*譯註：盧安達語。盧安達語主要用於盧安達與烏干達，肯亞一些盧安達人也使用盧安達語。

引言

二〇二一年四月十一日，凌晨一點鐘，我坐在第十七A的座位上，臉上戴著KN95口罩，整個人醒著，要繞過半個地球。當我踏上這段旅程，在四萬一千呎的高空上，我思索著肯亞的生活會是什麼樣子？

由於疫情的關係，肯亞的國內班機都停飛了。這意謂著，從紐約搭乘肯亞航空飛行十五個小時抵達奈洛比後，我前往裂谷（Rift Walley）這個世界長跑麥加聖地的唯一交通選項，是由一位經過肯亞警方特准的司機，載我開七個多小時的路程。

幾天後，我習慣肯亞的鄉居生活了，一個星期四早晨，我終於能面對面與肯亞知名的跑步教練派翠克．桑（Patrick Sang）單獨坐在伊騰（Iten）的一個戶外陽台喝咖啡。他剛從歐洲回來，看他的明星運動員埃利烏德．基普喬蓋（Eliud

Kipchoge）贏得NN使命馬拉松（NN Mission Marathon）。「我有好多的問題想請教您。」我們以互碰手肘問候時，我對他說。

在這之前，我們的對話僅限於幾通電話上的閒聊，以及在WhatsApp上的簡短訊息。我們見面時，桑先生，或是他的運動員直接稱他為「教練」，把他全部的注意力都給了我，在四個半小時裡，我們廣泛地談論了人生——教育、文化壓迫、信任、心理韌性，當然也談到跑步、奧運和教練這件事。

早在我第一次與桑教練會面之前，我就知道他是個很有洞見的人，他的話語自然流露出深長寓意，發人深省。我很早就明白，這本書必定會令人大開眼界，使人謙卑。

這本書說的是專業運動領域最重要的人物之一，談他的人生與旅程，並捕捉他與他的運動員、世界冠軍與明日之星之間，獨特且親密的關係，他同時是他們的心靈導師、顧問，也是人生教練。在選手們的光環背後，桑教練是培養出若干頂尖長跑選手的功臣，這些選手卓越的運動表現，持續提升人們對人類耐力與速度極限的期待。但這樣的描述，還不足以描繪桑教練對長跑與世界頂尖選手的影響於萬一。

早在桑教練於二〇〇二年協助成立「全球運動傳播訓練營」（Global Sports Communication training camp）之前，他就帶領成立了一個馬拉松計畫——這是肯亞第一個這類型的計畫——他到今天仍持續發展。多年來，桑教練悉心指導各種距離的馬拉松冠軍、奧運獎牌得主，以及為世界其他頂尖跑者立下標竿的紀錄保持人。然而，桑教練大多遠離聚光燈，不像其他過去和當今知名的跑步教練。

當其他美國職業與大學知名教練因為虐待他們的選手而飽受攻擊之際，桑教練正好相反。他在肯亞蒸蒸日上的計畫中採用的教練方式，強調與跑者的關係是建立在高道德標準、謙遜與常識上。只要在一次訓練時間中看一眼桑教練與他提攜的後進如何互動，就能清楚知道，這是一位運動界需要的人。

在全球運動傳播訓練營，與桑教練、他的協力團隊和運動員相處的難得機會裡，給我的印象是，他是一個直接、坦誠、睿智、認真而且自信的人，他受到尊敬，也對他羽翼下的運動員懷抱高度期望。桑對待運動員的方式，讓我格外印象深刻。在好幾次的訓練時間中，我目睹一位既權威又謙遜的人，氣定神閒地對他的跑者分享有建設性和鼓勵的話，像某種「運動員的耳語人」（athlete whisper），嚴肅且堅定，但不需要咒罵或提高音量。桑教練的領導天分是很明顯的；他已經在他的人生中發現自己的這個角色，甚至早在他協助成立肯亞成功的馬拉松計畫之前；這個計畫至今已經培育出全世界所知，最優秀的長跑者。桑教練是一位天生的領導者，他的運動員對他極為敬重與愛戴。

在這項寫作計畫的大部分時間，我大多駐紮在伊騰這個小鎮，距離位於卡普塔加特（Kaptagat）的訓練營大約五十公里。我一大早四點半起床，趕往訓練營觀察訓練過程。觀看這些菁英跑者是一種藝術，對我的雙眼和心靈都是一份賞賜。這種跑步不是毫無章法，是全神貫注的，不是娛樂性質、好玩的那種。這種跑步是為了一種職業生涯，而不是嗜好。這種跑步可能把一個人拉進一種艱難的情境。這種跑步在速度和爆發力上，幾乎是難以想像的。

訓練時間結束後，我和桑教練與他的協力團隊坐在一起——當然有保持社交距離——他倒了一杯又一杯加了糖和全脂鮮奶的肯亞茶給我，還堅持要我至少吃一片由這裡的運動員焙烤的厚切麵包。他是一位慷慨的主人，我很感激能在他的世界裡受到歡迎與招待。

透過分享桑教練的人生與旅程，描繪他如何參與他的運動員的訓練過程，以及他的運動員如何看待他的帶領，我想要告訴讀者，一位好的運動員如何變成一位優秀的運動員。桑教練說，這要根於一種信念：塑造一個人有能力帶著坦蕩的意圖，批判性地參與這個世界，並且無所畏懼地探索這個世界，無論人生遭遇什麼挑戰。甚至，我希望讀者讀完這本書後，能更了解桑教練與肯亞的跑步文化，尤其是菁英跑者這個層級。我想要讀者明白，當一位肯亞菁英跑者站上一場比賽的起跑線時，他們的賭注是什麼？除了能贏得一面獎牌、為國爭光，這些運動員正為一個更好人生的機會向前奔跑，不只是為他們自己，也為他們身邊的人。這些正是桑教練所塑造的意志堅定、全力付出且無私無我的冠軍跑者。而且，更重要的是，成為一個完整、有人性的人。

序章

一九九二年八月，在攝氏二十五度的巴塞隆納夜晚，派翠克·桑修長的雙腿，緊緊跟在另一位肯亞同胞馬修·比利爾（Mathew Birir）*的後面，爭奪三千公尺障礙賽決賽金牌，前面還有三個障礙。

桑在四年前的一九八八年南韓漢城奧運（漢城後來改為「首爾」）與獎牌失之交臂後，他努力爭取參加巴塞隆納奧運的資格。而且，他獨力完成了這項目標，表現精采。

* 原註：只有一個「t」的Mathew，不是Matthew，他在連絡時很快指出來。

桑多年斷斷續續在瑞士的蘇黎士、莫里茲（Moritz）各地一大清早晨起訓練，並沒有教練指導他。有時候，他得長途移地受訓，清晨四點便須出門。沒有人告訴桑，他該衝刺多遠，或者該如何集中心力挺過另一次令人身心不適的重覆訓練。最後一個部分，他缺的是「推力」，是他認為最重要的。一位教練會測試你，訓練的夥伴也會。

沒有人與他擊掌，指揮他日復一日如僧侶般的工作倫理。沒有人，除了桑自己，他是他自己的牧羊人。他從不質疑正在做的事，他從不質疑「為什麼」——這個「為什麼」是因為他想要贏得獎牌，這個「為什麼」是要證明他是高手中的高手。

二十八歲的桑參加一九九二年巴塞隆納奧運，得到第四名，這是他在東京世界田徑錦標賽贏得銀牌的一年後。大家對他在巴賽隆納贏得三千公尺障礙賽的期望，勝過比利爾和他們另一位同胞威廉．穆特沃（William Mutwol）。桑在肯亞的奧運選拔賽中拿到第二名後，才短暫地加入他們兩人，一起為夏季奧運做準備。這三人設計了他們自己的訓練計畫，並且在奈洛比集合一起練習。雖然有一位教練督導肯亞的奧運田徑隊，但他們三人大多獨立運作，除了在某些訓練裡需要有人協助操作碼錶。

桑、比利爾和穆特沃在前往西班牙的前兩星期，繼續按部就班地準備。他們每天來往田徑場訓練，但沒有教練協助指導，因為教練大多專注在肯亞的短跑和中距離跑者身上。桑和比利爾不只是隊友，他們在奧運選手村裡也是室友。很自然地，這讓兩位競爭者近距離地互相觀察：對方吃什麼、喝什麼、模仿細部的行程，直到晚上把頭埋進枕頭裡。

接近八月七日星期五男子障礙賽決賽的前幾天，三十二位來自全世界的選手齊聚奧林匹克體育場，使出混身解數，通過三場資格賽的激戰，只有十二位選手能進入決賽。桑是其中之一，比利爾和穆特沃也是。雖然這三位肯亞人一路互相扶持，他們三個人都想得到獎牌，而且三個人都想要金牌。但只有一個人能拿到。

肯亞在此二十年之前的一九六八年墨西哥市奧運開始展露頭角，成為世界跑步強國，當年二十七歲的基普．凱諾（Kip Keino）在一千五百公尺決賽中表現亮眼。他跑贏了被看好的美國世界紀錄保持人吉姆．雷恩（Jim Ryun）。凱諾是帶著三千公尺與五千公尺世界紀錄的光環參賽，但雷恩這位美國金童總是能以著名的爆發性衝刺贏過他。」肯亞奧運隊田徑總教練查爾斯・穆寇拉（Charles Mukora）形容他是為「芒刺」。凱諾來自肯亞北方大裂谷，在海拔二千兩百公尺的墨西哥市比賽，他顯然占有優勢。

凱諾與這位美國人拉開二十公尺的距離贏得獎牌，即使賽前傳言他的膽囊受到感染，差點無法參賽。媒體讚揚他的表現，稱他透過田徑運動，讓世界看見肯亞。同年的奧運，凱諾的同胞阿摩斯・比沃特（Amos Biwott）在男子障礙賽中奪得金牌，對肯亞即將在未來數十年稱霸這場賽事做出貢獻，事實上，肯亞從一九六八年到二〇一六年的每一屆奧運，都有金牌進帳。但這個國家當時還未橫掃障礙賽的獎牌，也還沒稱霸奧運任何其他主要長跑項目的決賽。

障礙賽是田徑比賽中難度最高的項目之一，障礙賽需要參賽者跳過二十八個高三呎（九一・四公分）的固定欄架，跨越七個深兩呎（約六十公分）、長寬十二呎（約三・七公尺）的水池。參加障礙賽需要有很好的敏捷度，也需要耐力和速度。毫無疑問，障礙賽很困難，非常困難。這個項目需要能結合跨欄、衝刺和長跑技巧的跑者。

上午九點〇五分，在奧林匹克體育場上，桑穿著一件紅色的薄運動衫，編號為一一三八，他在第六跑道，隔壁是穆特沃；比利爾在第一跑道，與當時最快的參賽者——阿爾及利亞的阿茲丁・布拉米（Azzedine Brahmi）——併排。

鳴槍後，一雙雙強健有力的腿以高速向前進，離開起跑線。在這場比賽的初期階段，急切的步速會有問題。一位選手踩到了比利爾的左腳，尖銳的釘鞋刺穿比利爾的肉，劃破他的鞋。比利爾穿著他的釘鞋繼續跑，沒有注意到鮮血已經從他的皮膚滲出來了。

比賽過了兩圈，比利爾反常地撞到障礙欄架，跌倒了。桑和穆特沃跑在前面，繼續一較高下。在大約五萬名觀眾前面，桑細長的雙腳有力地彈跳。比利爾的心思仍在比賽上，但他很快地調整目標。金牌似乎無望了，但也許他還可以拿到銅牌，當腎上腺素流竄全身時，他閃過這個想法。最頂尖的菁英會讓這千載難逢的機會將他們載入史冊。「你被給了一個機會。努力一點。」這是桑一生中常說的話。

到第四圈時，比利爾腳上的疼痛程度減輕了。或者說，他的大腦緩衝了這種感覺。他繼續他的腳步節奏，直到第六圈中段。雖然桑與穆特沃幾乎一路肩併肩跑，但比利爾默默跟上，超過他們兩人，取得了領先。

現在是肯亞對肯亞對肯亞。

當身心的意向一致時，時間會以難以置信的速率旋轉。桑咬緊牙根，用力來回揮動他的手臂，企圖縮短差距。加油，他的大腦重覆著。心裡全是這個想法。唯一的想法。當下一切發生地如此快速，大腦沒有容納其他任何心思的餘地。桑的身高一八〇公分，體重不超過六十六公斤，緊跟在二十歲、身高僅一七三公分的比利爾後面。

桑用了三年半的時間從德州大學畢業後，一直在為此刻奮鬥；他在學校時，也就是在一九八四年洛杉磯奧運前，曾跑出肯亞第二快的障礙賽成績。然而，當時他無法飛回母國參加選拔賽，因而錯失了成為肯亞奧運代表隊選手的機會。

四年後，桑得到了參加一九八八年漢城夏季奧運競技的機會。雖然他只得到第七名，距離獎牌很遠，他還是很高興能參與奧運，這是他最基本的願望。他當時的驅力是穿上肯亞紅、黑、綠的國旗顏色。「這比任何其他事都還要光榮。」他說。

但在巴塞隆納時，桑面對比賽的狀態已經進步許多。成熟了。一個完全專注的人，「專注」這兩個字連結到目標，那個「為什麼」。從他全神貫注的眼神可以看明顯看出來。

回到桑在肯亞大裂谷的老家卡普西西瓦（Kapsisiywa），一個名叫埃利烏德的小男孩和他幾個朋友擠在一台黑白電視機前。他們褐色的雙眼目不轉睛地盯著電視裡的比賽展開，看這位在村裡跑步的名人在夜幕低垂時分，愈來愈接近冠軍。

加油。

比利爾躍過了最後一個障礙，他的兩腳踩過水池，激起水花，接著回到正常跑道，為他六十二．五公斤的身軀加速前進。現在，比利爾距離終點只有幾步之遙。桑知道比利爾勝利在望。這位較年輕的跑者拼了他的速度，咬緊牙根，回頭看了這位年長他八歲的同胞兩次。

加油！

轉瞬間，比利爾便以〇．七一秒之差贏了桑，桑的後面是穆特沃——然後是其他人。

那面金牌，桑追逐四年的機會，就這樣錯身而過。桑對他屈居第二的表現仍相當滿意。家鄉的同胞因而為他取了「銀牌桑」的綽號。

肯亞三人組在終點線相互擁抱，接著高舉國旗，慢跑過運動場一圈。頒獎典禮時，這三人站在領獎台上，每個人都穿著紅色的田徑衣，小心地捧著一束花，為世界展現他們的大滿貫。

他們的表現只是更證明一種說法：來自肯亞的跑者完全制霸中程與長程賽事，而且他們將繼續證明自己是不可撼動的競爭者。

如命運使然，桑將在塑造未來的過程中扮演一個角色，但不是繼續當一位跑者。在他的支持下，將蘊育出世界冠軍、奧運選手、紀錄保持人——以及史上最偉大的馬拉松選手。

上｜派翠克・桑（第三排右三）與德州大學田徑隊。一九八二年，在田徑助理教練詹姆斯・布雷克伍德前往肯亞招募學生運動員時，桑接受了一筆獎學金。感謝 *Texas Athletics* 提供。

下｜在德州大學的大學部時，桑從一九八三年至一九八六年畢業前，是田徑與越野計畫的成員；他拿到主修經濟、副修地理的學士學位。感謝 *Texas Athletics* 提供。

桑獲得大會障礙賽冠軍三次，至今仍是德州大學該項競賽的紀錄保持人。感謝 *Texas Athletics* 提供。

桑擁有德州大學前十強障礙賽紀錄中的五筆紀錄。感謝 *Texas Athletics* 提供。

詹姆斯．布雷克伍德是前德洲大學田徑與越野競賽的助理教練。桑的整個大學運動生涯，都受布雷克伍德的指導。感謝 *Texas Athletics* 提供。

上｜派翠克・桑（左）與肯亞同胞馬修・比里爾（中）和威廉・穆特沃（右）於一九九二年巴塞隆納奧運會三千公尺障礙賽後。桑在這場比賽中拿到銀牌，幫助肯亞史上第一次在這項比賽中囊獲金銀銅三面獎牌。感謝 *Bob Martin/Allsport* 提供。

下｜全球運動傳播訓練營的成員在日出前準備開始跑步。感謝 *NN Running Team* 提供。

上｜肯亞卡普塔加特長達四十公里的長跑通常有一輛支援車輛跟隨。桑與他的教練團跟著跑步菁英，約每隔五公里就會遞上飲料瓶。感謝 *Jason Suarez* 提供。
下｜卡普塔加特附近的運動員經常會加入全球運動傳播訓練營的訓練。桑估計平常訓練時，大約有百分之八十的跑者是他志願指導的。感謝 *Jason Suarez* 提供。

上｜穿越肯亞卡普塔加特森林的晨跑，這裡是跑者稱為「波士頓路線」的訓練環形路線的一部分，這個名字因其綿長起伏的丘陵而得名。這條路線海拔高達二千七百公尺。感謝 *Sarah Gearhart* 提供。

下｜聽障運動員大衛．基普寇吉（中）在肯亞的卡普塔加特的一次長跑。雖然他不是全球運動傳播訓練營的成員，但他從二〇一九年開始，就經常出現在這裡，與桑的團隊一起訓練。感謝 *Sarah Gearhart* 提供。

前馬拉松世界紀錄保持人基普喬蓋（右二）與全球運動傳播的訓練營夥伴，他們也是 NN Running Team 的成員，這是由赫門斯在二〇一七年時成立的全世界第一個專業跑步隊伍。NN Running Team 由超過全世界六十位菁英跑者組成。感謝 *NN Running Team* 提供。

上｜桑在肯亞卡普塔加特。感謝 *NN Running Team* 提供。
下｜桑在某次訓練時段與助理教練米托一起。感謝 *NN Running Team* 提供。

上｜肯亞卡普塔加特全球運動傳播訓練營的某次泥土跑道訓練。這個跑道有三百八十公尺長，比標準跑道少二十公尺，是在二〇二〇年疫情其間興建的。感謝 Sarah Gearhart 提供。
下｜桑與他在肯亞卡普塔加特全球運動傳播訓練營的運動員。感謝 *NN Running Team* 提供。

上｜基皮耶貢在二〇二〇東京奧運贏得女子一千五百公尺的金牌，這是她第三次參加奧運。她創下女子一千五百的紀錄，而且成為史上第一位在這個項目上連續兩次奪冠的人。*Copyright © Getty Images*
下｜卡姆沃羅在二〇一九年紐約馬拉松跑過終點綵帶。這是他第二次在這個全世界最大的馬拉松賽事中奪冠。紐約馬拉松每年有超過五萬人完賽，吸引全世界在這項運動中最有競爭力的菁英選手。*Copyright © Getty Images*

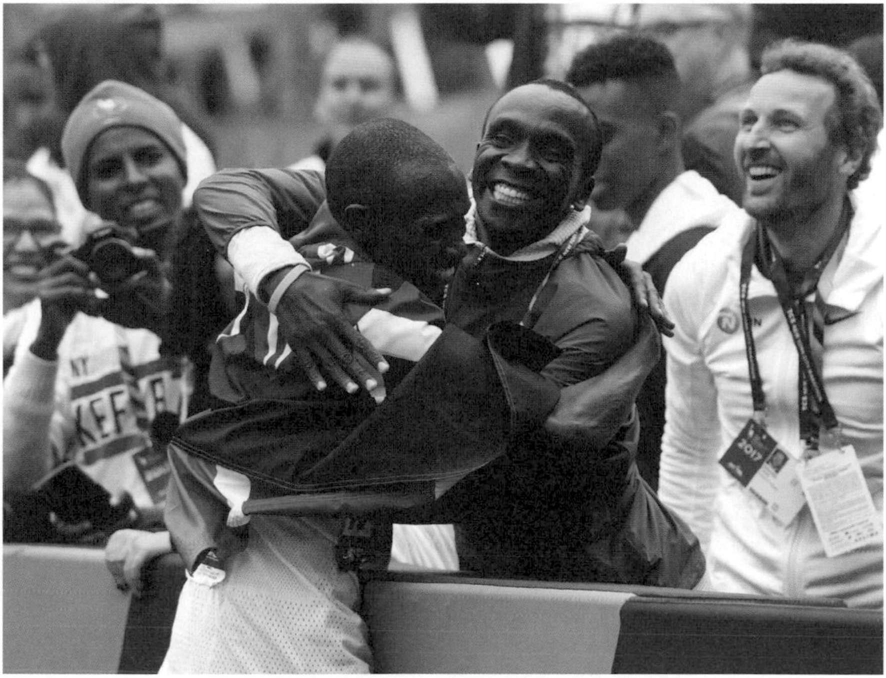

卡姆沃羅在二〇一七年首次參加紐約馬拉松並贏得冠軍後，開心擁抱他的訓練夥伴，同時也是心靈導師兼好友基普喬蓋。*Copyright © Getty Images*

上｜桑描述為「未經雕琢的天才」的「肯亞中央裂谷 U20 運動錦標賽」的賽前賽，這裡會篩選出幾位最好的業餘跑者，繼續參加全國競賽。感謝 *Sarah Gearhart* 提供。
下｜全球運動傳播訓練營的青少年運動員賈桂琳．切普科奇（中）正前往亞中央裂谷 U20 運動錦標賽障礙賽的起跑線。她贏了這場比賽，之後進軍世界 U20 運動錦標賽，並且得到冠軍。感謝 *Sarah Gearhart* 提供。

上｜全球運動傳播的績效主任 Valentijn Trouw（左）、桑（中）和該組織的創辦人兼 CEO 赫門斯（右）於二〇一九年紐約馬拉松。感謝 *NN Running Team* 提供。
下｜場上正在指導田徑訓練的桑。感謝 *NN Running Team* 提供。

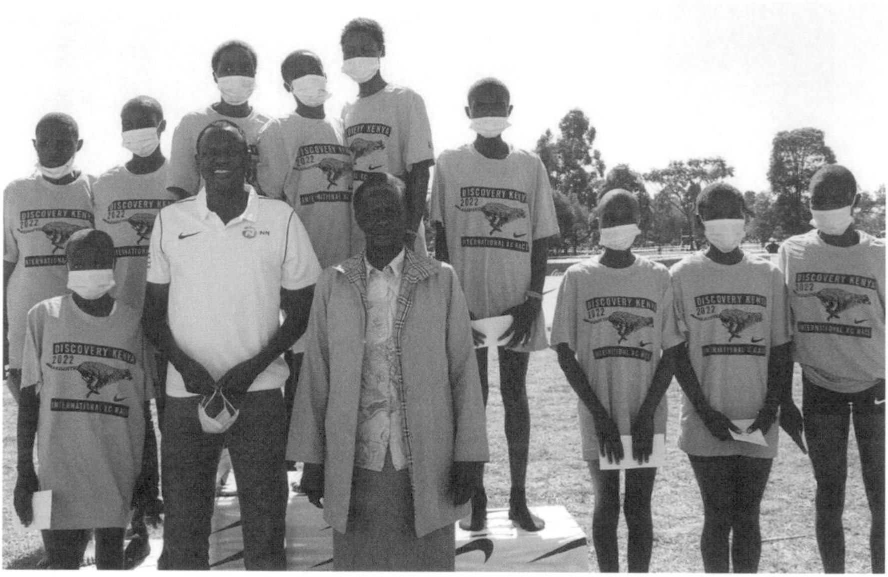

桑於二〇二二年一月在埃爾多雷特與「發現肯亞越野錦標賽」（Discovery Kenya Cross Country Championships）的青少年跑者。這項賽事是該國最重要的青少年比賽之一。感謝 *Sarah Gearhart* 提供。

桑。感謝 *Pim Rinkes* 提供。

基普喬蓋在二〇一八年柏林馬拉松跑出 2:01:39 的世界紀錄後，與桑相擁。基普喬蓋後來在二〇二二年的柏林馬拉松，再次以 2:01:09 刷新世界紀錄。感謝 *Jason Suarez* 提供。

kuteleza sio kuanguka

一次絆倒不是跌落

a stumble is not a fall

——輸的教訓

二〇二〇年倫敦馬拉松中途，埃利烏德．基普喬蓋的右耳開始塞住了。即使身體裡的壓力逐漸累積，這位奧運得主一直保持他的呼吸穩定。基普喬蓋面無表情，隱藏了一個殘酷的內在掙扎：他身高一六七公分、體重五十七公斤的身體，正拒絕擊退爬進他雙腳、停留在兩腳到臀部肌肉的抽筋。

不像往年，這場歷史性的倫敦賽事只限菁英參加，謝絕一般民眾參與，整場賽事是在一個防疫泡泡裡舉行的。由於新冠病毒大流行，全世界的大型馬拉松和地方性路跑賽幾乎都停辦了。運動員和協力團隊只能在嚴格的篩檢、交通、住宿和比賽指引下，被允許到當地比賽。雖然增加的安全措施終於讓比賽得以進行，但這些指引也擾亂了前來競賽的世界級跑者精心計算過的例行訓練。

全世界都在螢幕上看著基普喬蓋持續繞著倫敦中心聖詹姆斯公園二．一五公里的路線，期待他拿到冠軍，像傳說中一樣名符其實。基普喬蓋參加二〇二〇倫敦馬拉松時，是以田徑場上最快的選手身分參賽。他在此前已贏得生涯十二場馬拉松的十一面金牌，* 而且是第一位在兩小時內跑完二十六．二英里（約四十二公里一百九十五公尺）的人。他在倫敦馬拉松贏得的四面獎牌，以及他在二〇一九年四月創下的兩小時二分三十七秒大會紀錄，只是為他的無敵錦上添花而已。

這位全世界最偉大的長跑選手已身經百戰了，他第一次脫穎而出是在二〇〇三年的巴黎世界錦標賽五千公尺賽，當時他才十八歲，擊敗全場競技選手，預示了他一個精采的運動員生涯。但是基普喬蓋在馬拉松裡發現他的天命，最早是在二〇一三年四月的漢堡，展現他在長跑方面的長才。「我承諾要打破一項紀錄，而我成功了。」據說他是這麼說的。從此以後，他證明他幾乎是無法擊

* 原註：倫敦賽之前，基普喬蓋其實完成了十四場馬拉松。然而，有兩場比賽是不列入紀錄的比賽（二〇一七年耐吉的 Breaking2 計畫，以及二〇一九年的 INEOS 1:59 Challenge）。

倒的。他唯一沒有拿到金牌的，是二〇一三年的柏林馬拉松，當時他拿到第二名，輸給了肯亞人威爾森．基普桑（Wilson Kipsang）的世界紀錄表現。

這場倫敦馬拉松的觀眾沒想到會看見史上最強的馬拉松選手——他在二〇二〇年一月第四度正式被列入肯亞奧運代表隊——居然在大約三十九公里時，與領先群的六位選手脫隊。當基普喬蓋的雙腳跟不上每英哩（約一．六公里）四分半的配速，他就覺得他的比賽已經結束了。最後他跨越終點線的時間是兩小時六分四十九秒，名列第八，幾乎比冠軍選手，來自衣索比亞的舒拉．基塔（Shura Kitata），落後了一分鐘。

報紙的標題毫不留情：「跌落神壇」；「基普喬蓋的無敵鎧甲出現第一道裂痕」；「好運到倫敦終止」。彷彿基普喬蓋不被允許輸掉比賽，永遠不行。彷彿他不允許是個普通人，永遠不行。彷彿他所有這場比賽之前的成功都被抹煞了。

「今天你的狀況很好，明天可能狀況很差。」這位三十六歲的運動員在賽後告訴一位 BBC 的記者。基普喬蓋一人在賽中奮戰，一人面對記者們。但他並不孤單。基普喬蓋長年的教練派翠克．桑一直站在旁邊，自二〇〇一年他們相識後，一直如此。

基普喬蓋生長在肯亞西部高地的南迪區（Nandi District）卡普西西瓦的一個座農場。他是四個兄弟姐妹中最小的，母親是一位幼兒園老師，單親撫養孩子。基普喬蓋的父親在他出生之前就去世了，他只在照片裡看過。小學時，基普喬蓋便每天走五公里的路往返學校，通常一天四趟。後來，當他就讀卡普塔爾（Kaptel）男子中學時，他開始有參加比賽的強烈意念。一位住在離他家不到一英哩遠的鄰居，會跟著他一起跑這條往返學校的路。

這位鄰居是桑。

巴賽隆納奧運後，桑婉拒了他的母校德州大學提供的一份教練職位，返回南迪當教練，同時擔任運動部的郡級青年與運動執行委員會成員。有一天，當他正在泥地上指導時，一位有禮貌的青少年走過來，毛遂自薦說自己是有潛力的運動員，他大膽地請桑提供一份訓練計畫，畢竟他們是鄰居，桑不認識他。但基普喬蓋不放棄，他要一份訓練計畫。桑回到他的車上找紙和筆，但什麼都沒找到。

「然後他就找了一根棍子，」基普喬蓋還記得，桑在他的手臂上寫了一個十日訓練計畫。「訓練十天，第十一天休息。」他這麼教基普喬蓋。

基普喬蓋衝回家，把這個計畫抄在一本筆記本上。* 這是他詳細記錄每次訓練內容的開始。

兩星期後，基普喬蓋回來了。

「接下來呢？」

「你是誰？」桑問他。

「我是埃利烏德（・基普喬蓋）。」

基普喬蓋的投入是很明顯的。他很早就發現：「沒有自律，你哪裡都到不了。」他說。

每兩星期，基普喬蓋會回去找桑，要一份訓練計畫。有數月的時間，桑持續提供訓練。後來他才知道，基普喬蓋的母親曾是他的幼兒園老師。

身為一個中學生，基普喬蓋在跑步上的天賦只能讓他參加地區型比賽。在桑的指導下，基普喬蓋很快成為肯亞最有希望的運動員，先是在越野賽，後來在田徑賽，他都以一個青少年之姿跑出傲人的成績。基普喬蓋記得他在卡普薩貝特（Kapsabet）第一次參加比賽，那是十公里的路跑。他贏了。站在附近的桑脫下他的手錶，拿給基普喬蓋。「那支手錶我戴了很久。它是一支好錶。」

基普喬蓋說。

二〇〇二年，才剛進入體壇，基普喬蓋就在國際田徑總會於愛爾蘭舉辦的世界越野錦標賽拿到青少年組的第五名。一年後，在巴黎舉行的二〇〇三年世界錦標賽，基普喬蓋追上世界紀錄保持人——來自摩納哥的希沙姆·埃爾·奎魯伊（Hicham El Guerrouj）——奪下了男子五千公尺的金牌，整個肯亞都在看他，他知道。

基普喬蓋想爭奪奧運獎牌，他在二〇〇四年雅典奧運拿到了男子五千公尺的銅牌；然後在四年後北京奧運的同一個比賽項目晉升到銀牌。

然而，二〇一二年他的韌帶受傷後，這個故事就改寫了。這個傷在他參加奈洛比的肯亞奧運選拔賽時，尚未完全復原。雖然基普喬蓋在最後一百五十公尺之前都是領先的，但他最後被超越，只拿到第七名。名落第四名之後，意味他被淘

* 原註：基普喬蓋後來在他整個生涯中，繼續記錄他的每一次訓練。到二〇二二年為止，他有了十八本筆記。

汰了，無法連續第三度加入國家奧運代表隊。

「這傢伙自二〇〇三年以來幾乎每一場都是冠軍。」桑說，彷彿他仍不相信這個結果。

基普喬蓋的心情非常低落。

「你該怎麼辦？是什麼決定的過程讓這個人心情如此沉重？沒有參加奧運？看不見自己在體壇的未來？還是透露出走下坡的開始？」

也許是變成一個「正常」人的情況？

然而，現在還不是基普喬蓋宣布退休，進入平淡生活的時候。

「接下來怎麼辦？」當他們兩人坐在桑位於埃爾多雷特（Eldoret）家中，思考一個未知的未來時，桑這麼問他。「基普喬蓋就像我的兒子，我們的關係情同父子。我們談話時，會討論嚴肅的事。」

基普喬蓋陷入沉思。他們兩人都沒有答案。或者說，一個答案也沒有。

「這就是路的盡頭了嗎？我們還可以做什麼？我們可以從另一個角度看跑步這件事嗎？」想法突然炸裂。

「即使我們想，倫敦奧運後仍有後路，那是怎樣的後路？那個圖像是怎樣？」桑回憶他們之間的對話。

基普喬蓋已經拿到很多獎牌了。「他還沒拿到什麼其他的獎牌？」隨著討論持續，他們接連提出關鍵問題，最後兩人同意：「我們何不試試不一樣的事？」

「為什麼不試馬拉松？」桑問。

基普喬蓋的雙眼亮了起來。

× × × × × ×

基普喬蓋從來沒想像過，他會轉換跑道參加馬拉松，但他已經為這個巨大的轉變準備好了。對一些人來說，他們可能會把跑二十六．二英里（四十二公里又一百九十五公尺）這件事視為禁區。「怯步」是另外一種說法。但基普喬蓋說，人們看待這段旅程的方式，取決於他的性格。「若你和一個悲觀主義者說話，你就會變得悲觀。但若你和一個樂觀主義者說話，」他說，「會讓你的心變得正向。」這是不可能與可能的對抗。

即使桑承認，基普喬蓋在長距離賽事中的能力完全是未知數，但隨著他們的對話持續，他可以看見基普喬蓋正將轉換到馬拉松跑道的這個想法內化。不只是參加比賽，而且是堅定他在訓練中的位置。他們埋葬了跑道賽事。「嘗試未知給了你完全不同的一頁。你得訂定不同的目標，」桑說。是目標，不是期待。「當你設定期待，那真的可能在心理上傷害你。」

「我在人生中學到的，也是從我小時候開始的，就是全力以赴。沒有其他的。」桑說。

「這很難。」基普喬蓋承認開始進入馬拉松的這段旅程，如他說的，從高速、短距離，轉換成低效能的長跑。最困難的，是在他心理的部分。他形容轉換到馬拉松是一場考驗，他很急切地要改變他的訓練方式。

基普喬蓋將挑戰馬拉松的事，被提出來與他的經紀公司討論，他的經紀公司是位於荷蘭的「全球運動傳播公司」，由前荷蘭菁英跑者喬斯．赫門斯（Jos Hermens）所成立，專門代理世界級的田徑長跑選手。

這個消息傳開了。桑回憶說，倫敦馬拉松的主辦單位希望這位田徑明星參賽的消息成為頭條新聞。然而，這意味要基普喬蓋在高手雲集的一場大賽中初試啼聲？

倫敦是「世界馬拉松大賽」（World Marathon Majors）的其中一站——全世界最大、最知名的幾場馬拉松，其他還包括東京、波士頓、柏林、芝加哥和紐約馬拉松。

第一屆倫敦馬拉松於一九八一年舉行時——由奧運金牌得主與記者克里斯·布拉舍（Chris Brasher）與奧運障礙賽銅牌得主約翰·迪斯里（John Disley）發起，有兩萬兩千人報名，這場路面相對平緩、速度較快的比賽，後來以打破紀錄聞名，從個人紀錄到世界紀錄都是。

世界馬拉松紀錄在倫敦賽道上已被刷新七次（一次是男子賽，六次是女子賽*）。倫敦馬拉松每年往往吸引一群最優秀的選手，奧運與世界賽得主是

* 原註：英國選手寶拉·拉德克利夫（Paula Radcliffe）在倫敦馬拉松三次破女子馬拉松世界紀錄，最後一次是在二〇〇三年（2:15:25）。這項紀錄保持了十六年，直到二〇一九年肯亞女將布瑞姬·柯斯基（Brigid Kosgei）於芝加哥馬拉松打破。

起跑名單上的常客。多年來皆如此。明星運動員的出場費可能高達六位數字（《運動商業期刊》〔*Sports Business Journal*〕曾報導寶拉．拉德克利夫〔Paula Radcliffe〕在二〇一三年的倫敦馬拉松收到二十五萬英磅的酬勞來參賽），另外還有五萬五千英磅的冠軍獎金和兩萬五千英磅的破紀錄獎金。

「很競爭」是形容這場高水準、聲譽卓著賽事的委婉說法。「倫敦馬拉松，他們不會有騾子參賽，他們都是純種馬。」桑笑著說。

除了倫敦，漢堡馬拉松的主辦單位也對基普喬蓋興趣高昂，提出參賽獎金。漢堡馬拉松總監法蘭克．泰利斯（Frank Thaleise）說：「我們的運動員經紀公司，也就是全球運動傳播公司，曾經向我們推薦基普喬蓋是一位很有潛力的運動員。我們當時立刻對他的專業態度印象深刻——融合完全的專注與謙遜的風度。」

根據漢堡馬拉松協調單位負責人雷諾．阿基里斯（Reinald Achilles）的說法，基普喬蓋在賽前兩個月就飛到漢堡確認路線。阿基里斯回憶說：「在飯店時，他無意間聽到（賽事總監）泰利斯和我們選手經紀人朱里（Jurrie）之間的對話。泰利斯說，把一場賽事完全寄託在一位初次登場的選手上，是一件相對危險的事。」「接著基普喬蓋告訴泰利斯，當他跑過終點線時，會對他露出一個微笑。這是他告訴泰利斯不用擔心的方式。他（基普喬蓋）知道，如果他踏上那條起跑線，他就會贏得那場比賽。」

桑記得他跟基普喬蓋說：「我們有兩個小時可以討論這件事的優缺點。我把它分得很清楚。如果你去倫敦而且贏了，你能保住你的名聲。如果你去了倫敦，而只拿到第四名，後果會很嚴重，我向他解釋，你是和馬拉松老手一起競爭。你是田徑選手。如果你無法擊敗他們，那會在你心上留下一個長久的影響。你要克服低潮，得花兩到三年，那就和退休差不多了。」

「若你去漢堡，你可以學到關於馬拉松的事。那場比賽不像倫敦賽事那麼競爭。」桑告訴基普喬蓋。

「我可以看出他很認真地思考。他沒有考慮倫敦。和漢堡的獎金比起來，他去倫敦可以拿到比較多。我們從不討論錢的事。首先，我們的目標是想做什麼，想達到什麼成果。」一先做一個蛋糕，桑說。沒有蛋糕，就沒有糖霜。

基普喬蓋在漢堡馬拉松的企圖心，願終得償，他贏了這場比賽，兩小時五分三十秒，以二十八秒之差破了大會紀錄。他記得自己全程都覺得狀況很好，即使到了最後一哩。這是一場名留青史的初賽。

五個月後，他在柏林馬拉松拿到第二名，輸給肯亞同胞威爾森．基普桑，基普桑在那場比賽中打破了世界馬拉松紀錄。在那場比賽之後，基普喬蓋逐步建立他令人讚嘆的持續且稱霸的長程賽事生涯：

二〇一四年鹿特丹馬拉松，第一名（兩小時五分）。

二〇一四年芝加哥馬拉松，第一名（兩小時四分十一秒）。

二〇一五年倫敦馬拉松，第一名（兩小時四分四十二秒）。

二〇一五年柏林馬拉松，第一名——而且他刷新了他的個人紀錄到兩小時四分整。

第一次在漢堡參加馬拉松的三年後，基普喬蓋於二〇一六年里約奧運前，被點名為馬拉松賽的得獎熱門選手。這個新聞炒得很熱。八月二十一日，奧運競賽的最後一天，他成為史上第二位拿到奧運馬拉松金牌的肯亞人，他的成績是兩小時八分四十四秒。他的成績比第二名的衣索比亞選手費伊沙．李勒沙（Feyisa Lilesa）快了七十秒。

基普喬蓋在里約獲得金牌後，人們愈來愈清楚看見，他是最優秀的馬拉松跑者之一，也許是有史以來最優秀的。全世界都注意到了。耐吉公司看見了一個登月計畫的機會：他們為幾位該品牌贊助的世界級跑者提供合作機會，突破馬拉松兩小時完賽的極限。這個里程碑一般被認為是不可能達成的。因此，基普喬蓋被邀請到奧勒岡州比弗頓（Beaverton）的耐吉世界總部，討論這個提案。

「我已經準備好要挑戰它。」基普喬蓋從美國回來後告訴桑。

「當他說明的時候，我仔細讀他的心意。」桑說。

基普喬蓋告訴耐吉公司，若他同意這項提議，他必須跟著他的教練。

「我不想露出自己有任何懷疑的樣子。我說，『我們一起加油，』」桑說：「這個傢伙如此確信，」他補充說：「他帶我到了另一個層次。」

耐吉公司將這個活動命名為「破二計畫」（Breaking2），並在二〇一六年秋季宣布。這次挑戰於二〇一七年五月六日在義大利蒙札（Monza）的國立蒙札賽車場（Autodromo Nazionale Monza）的F1賽道舉行，但賽事進行得並不順利。神經緊繃使基普喬蓋在凌晨兩點半時還醒著。

耐吉公司的破二計畫也邀請了半馬世界紀錄保持人厄利垂亞選手澤森內·塔

德塞（Zersenay Tadese），以及兩屆波士頓馬拉松冠軍的衣索比亞選手雷里薩．德西薩（Lelisa Desisa）。他們徵召了三十位配速員，保護這三位選手的安全。最後，基普喬蓋的成績最接近少於兩小時的挑戰。直到最後兩圈前，他仍跟得上，但就在這時，他的身體開始落後目標配速。

兩小時又二十五秒後，基普喬蓋完賽了。雖然這個成績沒有達成原訂的目標，但這次表現在各方面都可圈可點，比世界馬拉松紀錄快了兩分半。他實踐了桑向他的運動員教導的話：「全力以赴，沒有其他。」

二〇一九年，這個願望達成了。* 在此之前，基普喬蓋又於二〇一八年柏林馬拉松打破了馬拉松的世界紀錄。

最好的競爭對手是你自己，早在二〇〇三年，桑就這樣告訴基普喬蓋。「看重你自己，當你站上起跑線時，知道你是受過訓練的最佳選手。你是你整個自我最好的競爭對手。」桑的話總是會點醒他。

這正是桑在倫敦眼看著崩壞的冠軍選手，而且證明他其實不是無敵的。「這傢伙跑步時耳朵塞住，整個兩小時六分鐘都在糟糕的情況下。」即使在一個人狀況最好的時候，最優秀的馬拉松選手也無法跑出接近這樣的成績，包括大部分的菁英跑者。**

桑指出，冷雨和風，還有錯過一次水分補給，可能是造成基普喬蓋挫敗的因素。「我們做好萬全準備才去參賽的，」桑向一位NBC運動記者保證。不是「他」，是「我們」；就像桑—基普喬蓋，基普喬蓋—桑，互為一體。

失望掛在基普喬蓋的臉上，取代了他有磁力的招牌笑容。「你可以看出他的心情有點低落。」桑說，那天稍晚在飯店時，他與基普喬蓋的幾位訓練同伴試著安慰他。

基普喬蓋對這次意外失敗的反應，不是灰心喪志，而是誠實的面對。「人

* 原註：基普喬蓋於二〇一九年十月，在奧地利維也納的 INEOS 1:59 Challenge 活動中再次嘗試突破跑進二小時的馬拉松門檻。當他參加這場精密安排的賽事時，已是亞培世界馬拉松大滿貫（由亞培贊助的世界六大馬拉松，即東京馬、波士頓馬、芝加哥馬、紐約馬、倫敦馬與柏林馬）的八次冠軍與三次奧運奪牌選手。

** 原註：二〇二二年七月為止，史上不到三百人能跑出基普喬蓋在二〇二〇年倫敦馬拉松跑出的完賽成績 2:06:49，或者更快的馬拉松成績。

生本來就不是平順的。明天可能會出現小問題，可能是順境、是逆境，或平淡無奇。」他說。

「我相信爬樹的哲學。一棵樹有很多個分枝。當你踩在這個分枝上，其實你的目標是下一個分枝。而你會忘記第一個分枝，因為你已經踩在它的上面了。如果發生任何事，從中得到正面的訊息，從中學習，然後繼續。」

銀色的邊

桑光滑的臉龐沒有一絲皺紋，看起來讓人以為他還年輕，掩飾了他在地球上已活了豐富充實的五十七個年頭。也許是因為他微笑的方式——發自內心，開懷的微笑，彷彿永遠定住了。或者是因為他輕快的腳步，暗示他是個不會踏錯節奏的人。或者是因為當他分享童年往事時他輕笑的方式——例如等到學校鐘聲響了，他才從家裡跳起來出門上學。「懶惰。」桑開玩笑說。

牡羊座的人被形容為具有不懈怠的決心、樂觀，能凝聚社群而且是個有自信的領導者。派翠克．基普洛普．桑（Patrick Kiprop Sang）生於一九六四年四月十一日，也許這是一個不可避免的計畫，宇宙揀選了他，要他去教導其他人如何發展成為一個有強烈道德感的人，能與世界同理、有自覺，而且能明白與發揮最大的潛能。桑成為這樣的人，擁有極少人具備的領導天分，指導跑者往最佳自我的方向前進。

桑生長於卡普西西瓦，在埃爾多雷特西南約五十公里處。有k結尾的派翠克（Patrick），出生時的名字沒有這個k。「我的名字原本是派翠西（Patrice），」他說，這是他父親一位非常好的朋友的名字。「我實在應該保留我原來的名字。」

桑不記得他改名字的確切時間，只記得是小學的某個時候。他當時以為派翠西（Patrice）是派翠克（Patrick）拼錯的結果，所以他把拼字改了。P-A-T-R-I-C-K。有k的派翠克是他在政府發的身分證上，正式的名字。

肯亞人的第二個名字，是由這孩子出生時的情境來的。在他的例子裡，「桑」（Sang）是指不是在家裡出生的。而他的姓「基普洛普」（Kiprop）指的是他出生的那一天「雨下太多了」。

這個世界沒有雨不行。

還是個孩子時，桑的髮質是柔軟的。大部分非洲人的髮質比較粗，他的說法是「硬」，較硬的髮質意味頭髮很捲。桑讀小學時，同學把他取綽號為「瓦亞」（Warya），他說這是指索馬利人，索馬利人的髮質比較軟。

這個世界存在著不同程度的貧窮和特權。一個人可以很窮，但很富有。一個人可以很富有，但很窮。桑生長在一個「有時候你沒東西可吃的情況」，他開始說：「也許一天一餐，而且可能那一餐也算不上是像樣的一餐。」貧窮是他描述他成長時期的樣子。窮到上學時欠缺一些基本需求，而且要很辛苦才能得到。

他繼續說，那種貧窮的程度，和其他地方不同。「在荷蘭的貧窮、在美國的貧窮，和肯亞不能相比。」但這不是受制約的西方人想到的貧窮。「在肯亞是不一樣的。對我來說，在美國很窮，就真的很窮，」桑說。「在肯亞，有人會同情你，幫你買食物。肯亞人很慷慨，這是來自一種公社的生活方式。」

「在我內心深處，我現在回想起來，我當時認識的人，比那些被認為生活在貧窮線之上的人，還要快樂，」桑說：「我認為這是看待貧窮的另一種方式。你可以有很多物質上的東西，但你同時可能真的很窮——在心靈上貧窮、在社交技巧方面貧窮。」

桑說：「發展可以是物質上的，也可以是個人方面的。你可以在倫理與道德線上比許多人發展得好很多，而你卻沒有任何物質上的東西。」他說，肯亞人享有的特權，是世界上其他地方無法比擬的。「拜訪過肯亞的人，返家時應該都學到很重要的一課。」他下了這樣一句評語。

在肯亞裂谷有一種低調與平靜，似乎是這裡的人們與生俱來的明顯特質，從世界級的運動員，到路上推著輪胎跑、臉上帶著一種西方小孩所沒有的純真笑容的孩子。這個孩子與電玩、裝電池的玩具和最新的科技遊戲隔絕。這個孩子吃的食物，不是從打開的包裝裡拿的。這個孩子穿一種制服上學，就像他所有的朋友和同學一樣。當然，這裡有來自經濟貧窮的真實挑戰，但這種簡單、較自然的生活，有其根本上的價值，只看見這裡經濟與物質缺乏的人，經常忽略這一點。

上面提到的公社生活方式，是這裡的另一種特權。這裡的每個人會受到照顧。在全肯亞的鄉村，若有個孩子沒有了父親或母親，他基本上就會由這個村子一起撫養長大。

桑很少提到他的家人。他不想向全世界暴露關於他的兄弟姐妹、他的妻子或兩個孩子的細節。他非常保護他親密的家人。但他對於影響他周圍廣大社區的大多數議題，他都很感興趣，也願意討論。你可以問他政治、教育、性別議題、種族主義、美國歷史、明尼蘇達維京人隊、他的個人檔案。當然，還有愚蠢的跑步細節。

桑是個很認識自己的人。務實，他說，獅子是他的圖騰。這個標誌是領導、無懼、獨立和信心的象徵。

「我一直是我。」桑說。

他是在教會長大的。天主教，他特別指明。即使還是個孩子，桑會挑戰自己的想法。「我在教會裡是個有問題的青少年，因為我想要了解。教會有很多教條，對我是挑戰。我努力去找答案。我不是那種為了做而做，盲從的人。」

即使年紀還小，桑就將世界看成是一個問題與答案的稜鏡。他成長的地方和他成長的方式，形塑了他對於這個世界是如何轉動的想法。

×××××

「這是一個有趣的地方，」桑說到他成長的地區。他把南迪郡的卡普西西瓦稱為一個「獨特的社區」。表面上看起來，它是一個鄉下的小村莊，零星散布著農田和茶園。但桑語帶保留地談到這個他與基普喬蓋成長的地區。「這個地方背後有很多不為人知的歷史……很少被人們提起。」桑和基普喬蓋都是卡倫金人（Kalenjin），是肯亞境內超過四十種民族之一。在卡倫金人當中，他們是一個名為南迪人（Nandi）的亞族，而在南迪人當中，桑與基普喬蓋屬於塔來氏族（Talai）。他形容這個社群是一個「瀕絕物種」，與世界許多其他原住民社群的苦難類似。

據信，塔來族是馬賽人（Maasai）的後裔，他們曾經是稱霸肯亞的部族，據說曾被殖民者稱為「東非之王」（Lords of East Africa）。馬賽人過著鄉村與半遊牧生活，占據達八萬平方英哩的土地，從肯亞的圖爾卡納湖（Lake Turkana）到坦尚尼亞的梅魯山（Mount Meru）。在超過兩世紀的時間裡，馬賽人由一位名為奧羅伊邦斯（Oloibons）的精神領袖統治，他是這個部族社會階級中最高的。這個位置也被稱為「雷朋」（*laibon*），有非比尋常的權柄：會醫治族人，也是部族的先知。

馬巴提安．歐爾．蘇沛特（Mbatian Ole Supeet）統治這個部族二十四年，被認為是馬賽人史上最偉大的領袖。一八六六年到一八九〇年，在他的領導下，見證了馬賽人的大團結與富足。馬巴提安預言了白人殖民統治，據說也預視到「一條鐵蛇」，即後來的肯亞鐵路。他警告說，他們的社群將迎來暴虐的敵人，而馬賽人將失去這場戰役。這個預言後來變成了一個真實的苦難。

一八九〇年代，塔來族當時是南迪人的統治者，被迫面臨抵抗英國人的到來。氏族領袖柯伊塔雷・亞瑞普・薩摩伊（Koitalel Arap Samoei）從一八九五年領導族人反抗，但在一九〇五年十月，他被英國軍事情報軍官理查・梅納茨哈根（Richard Meinertzhagen）暗殺了。這樣的不公義持續著。

一九一九年，英國人將一百五十至兩百名的塔來氏族自他們的家鄉連根拔起，強勢驅趕他們到卡普西西瓦——當時這裡是一個半島，兩旁是沼澤，到處是蚊子。他們被嚴密看守，好讓英國人爭相開發茶園用地時，不會遭遇阻抗。

這是一段已經模糊的歷史。也有一段關於桑的家族故事，但他知道的不多。他大多採取迴避的態度。然而他心裡仍然對這些事充滿好奇。塔來氏族有五個家族：卡普蘇岡（Kapsogon）、卡普圖爾加特（Kapturgat）、卡普契桑（Kapchesang）、卡普馬拉爾索（Kapmararsoi）和卡普蘇內特（Kapsonet）。基普喬蓋屬於卡普蘇內特氏族；桑屬於卡普蘇岡氏族。桑的譜系某個部分不連續，他曾嘗試追溯，但沒有成功。「我從來沒聽過我祖父的故事，」桑說。直到今天，他的過去仍像一張白帆布，他渴望得到一種說法，以及他與塔來氏族的關係。「到現在我還沒有答案，」桑針對他的家族背景這樣說：「我仍在努力尋找一些，但目前看起來我好像走到死巷了。」

「我好奇的是，他們帶走被貼標籤、在體制內不被需要的家族，到那個地方（卡普西西瓦），」桑說：「我不知道我們是否在當時，或是在更早之前就失去了連結。若曾經有個大家族血統，那是什麼？他們是哪些人？他們是好人，還是壞人？我不知道。」有好多的疑問。答案在桑悉心尋找的某處。「我期待有一天真相能水落石出。」他說。

桑分享說，沒錯，從某個方面來看，不知道家族的一些歷史，讓他覺得自己的一部分好像遺失了。「要說那一部分完結了，很困難。你沒辦法這樣。」

塔來長老會主席詹姆斯．貝西牧師（Reverend James Bassey），也是基普喬蓋的叔叔，他說卡普西西瓦當時不過是一個荒涼的拘留營，「這些人被迫集中在這裡。」被丟在這裡的人，是帶來等死的。這個故事一代一代流傳下來。貝西牧師繼續訴說關於被迫出走到卡普西西瓦，以及邊界有人巡邏看守的往事。「我們原本應該從地球上消失的，」他說：「是上帝對我們仁慈。」

貝西牧師說，塔來人能學到如何在這種地方活下去，部分要歸功於他們高超的智慧。這個氏族來到卡普西西瓦時，帶著他們的牛群和羊隻，他們吃這些動物的肉，也在耕地後，種植玉米、小米和蔬菜。曾經無法住人的土地，慢慢變成可被接受、能長住的地方。但他們現在仍有現代歷史的重擔等著被克服。有一份要求英國人與國家政府賠償的請願仍待決中，要求政府承認這些被粗魯遷移的邊緣社群。*

深知塔來氏族過往歷史的人會將這個氏族描述為「卡倫金人當中一個非常特別的群體，」塔來長老會祕書克里斯多夫．亞圭（Christopher Agui）說：「他們非常聰明。只是資源限制了他們的進步。但是當他們被給予機會，擁有資源……」他停頓了一下繼續說：「基普喬蓋很有代表性。他是我們的獅子。」他又停頓一下，「衍生自我們的土地。」他再次停頓，「桑很有代表性。」

亞圭繼續說：「塔來人若被給予機會，他們會很有成就。」他們也是天生的領導者。例如成功的政治家。而且他說，毫無疑問，塔來人

* 原註：VICE World News 於二〇二二年十月報導，受殖民暴力與土地竊占的倖存者已向歐洲人權法庭提交控訴英國政府的案件，要求兩千億美元的賠償。

在運動方面被賜予很大的優勢。「塔來人的血液裡有運動天分。」貝西牧師說。

在卡普西西瓦出生和成長的偉大運動員為數眾多。貝西牧師在一張紙上洋洋灑灑寫下幾個例子：基馬魯．松葛克（Kimaru Songok），四百公尺跨欄選手，也是第一批贏得國際獎牌的肯亞人；阿摩斯．比沃特，一九六〇年代兩度進入國家奧運代表隊，在墨西哥城奧運贏得障礙賽金牌；奧運銅牌得主麥克．波伊特（Mike Boit），一九七〇年代全世界最佳中距離跑者之一。

埃利烏德．基普喬蓋。

派翠克．桑。

「精明，」貝西稱讚桑：「一個不苟言笑的傢伙。真誠，負責，有條理。一位受尊敬的領導者。」

桑用「弱勢」來形容他自己的成長背景，這是生長在一個帶有如此殘酷與傷痕歷史的環境中，所造成的漣漪效應。年紀小的時候，他沒有注意到自己被壓迫的血統——至少一開始的時候沒有。「漸漸地，你開始了解你的周圍。你開始熟悉你的環境，」他說：「你開始試圖深入探究你正經歷的考驗。」

「你會看見，你的社區和你周圍其他社區，在經濟上有一些不同。較大的土地是一種評斷的方式。或是其他社區的孩子更早有機會接觸教育。我們身為一個孤立的社區所面對的特殊情況，一點一滴、慢慢地呈現。最後，它造成了（我們社區）和其他社區明顯的差異。」

教育為桑開了一扇窗，讓他看見，要像其他每個人一樣是有可能的。在就學的過程中，他接觸到運動——橄欖球、足球、田徑——這些讓他覺得他能擁有一席之地的活動。「這是人們在成長時，被認為他們應該如何發展他們的關係的方式。這個基礎必須在某個地方，對我們來說，學校是一個很好的地基，讓你認識你的家鄉、與你聯絡緊密的好朋友。」

「那是美好的日子，」他回憶道：「我們甚至要參加男子十項全能。你做所有這些運動，不必然是為了特定的目的。你做這項運動，一部分是為了成長，一部分是為了學習。」成為一名運動員一向是附帶的事，上學才是核心的目的。

桑很「晚」才開始跑步，他說，當時他已經十五歲了。他說，他小時候沒有跑好幾公里去上學。「那些是傳說。學校是蓋在孩子容易到的地方，沒有要讓孩子跑步去上學。」

他在青少年時期，參加了學校傳統的班際比賽，這個機會能讓得獎的班級大肆慶祝，這是附加的激勵。決定參加哪一個項目，是一項策略性的猜測工作。「如果你的體型小，你就去跑長跑。」有人看到他瘦長的雙腳和身軀，便指定他去跑三千公尺。

「我得到了第二名，」他還記得那場比賽，他對班上贏得比賽和後續的慶祝活動做出了貢獻。這項班際比賽也成為一種篩選頂尖運動員代表學校參加其他競賽的方式。「慢慢地，你開始評估一些事。評估是一個過程。當我們被選入校隊後，我們就被給予一些特權，例如多的牛奶或其他東西。你開始把這件事內化，開始想：『我得好好努力。』」

被選為校隊，給了桑接受正式訓練的機會。現在，他真的有機會展現他的運動天賦，而且吸引了一位愛爾蘭籍的傳教士柯姆．歐康諾弟兄（Brother Colm O'Connell）的目光，他後來被稱為「肯亞跑步教父」。一九七六年，柯姆弟兄來到伊騰，在那裡擔任一所聖派翠克（St. Patrick）男子中學的教師和教練。在柯姆弟兄遇見桑時，他在培育體育天才青少年方面，已聲譽卓著。

柯姆弟兄本人與跑步結緣，也是意料之外。在聖派翠克中學，學校的英籍越野與田徑教練彼得．佛斯特（Peter Foster）將柯姆弟兄安排為運動助理教練；但在那之前，他只擔任過足球教練。一年後，佛斯特返回英國，柯姆弟兄便接下了領導的工作。

柯姆弟兄後來帶領了非常多位在國際賽事上發光發熱的運動員，包括傳奇的伊卜拉辛．胡珊（Ibrahim Hussein），第一位於一九八八年贏得著名波士頓馬拉松的肯亞人（也是第一位贏得此殊榮的非洲人）。柯姆弟兄也指導與培養超過二十位運動員成為世界冠軍，還有四位奧運金牌得主，包括馬修．比利爾，也就是一九九二年巴賽隆納奧運在障礙賽決賽中超越桑的那位選手。

柯姆弟兄對一九八一年的那一天，仍然記憶猶新。他在伊騰的卡馬里尼體育館（Kamriny Stadium）舉行的一場跑步比賽中，注意到一位高瘦的男孩。那個年代，泥土跑道還會有新鮮的腳印，而且場上活躍著許多天才型年輕運動員，他們日後將各有發展。

最近幾年，卡馬里尼體育館變得死氣沉沉的。二〇一三年烏胡魯．甘耶達（Uhuru Kenyatta）上任總統後，他想整修幾座體育館。這座傳奇的卡馬里尼體育館便是其中之一，它有一條跑道，曾是幾十年來許多該國最頂尖的中程與長程跑者競逐之地。然而，遲滯的整修工程使它完全無法使用了。在土地附近覓食的羊隻奄奄一息。在整修工程進行之前來到這裡的人，才能體驗那段光輝的年代。柯姆是其中之一，桑也是。

柯姆弟兄主持了那場賽事，他對這位高瘦的男孩如何輕鬆地在障礙賽中跨越柵欄印象非常深刻。天生好手，他心裡想著。

這個男孩便是桑，他後來符合資格，代表裂谷隊參加在蒙巴薩（Mombasa）舉行的全國錦標賽。柯姆被指派為全隊的總教練，使他兩人更有機會交集。當他們有更多機會接觸和對話時，柯姆對年輕的桑的好感與日俱增。他很快得出一個結論：「桑和一般的鄉村學子與眾不同」，他似乎清楚明白更廣大世界的模樣。他有一種說不出的特質，加上他的運動潛力，柯姆弟兄把他記在心裡。

一九八二年，桑完成在卡普塔爾男子中學（Kaptel Boys High School）的學業後，想申請到魯莫克烏中學（Lelmokwo High School）再讀兩年——他們名為「A級學校」，這是來自英國的教育體系，相當於就讀美國的二年制專科學校。後來，桑有機會轉到另一個A級學校，也就是在伊騰的聖派翠克中學，但他拒絕了這個機會。

A級學校的校數很少，而且相距甚遠。「要進入一所A級學校很困難，」柯姆弟兄說：「進入聖派翠克也是。」這是一所在肯亞教學卓著，在運動方面也首屈一指的學校。

在柯姆弟兄的印象中，桑是一位認真而且聰明的學生，也是一位認真而且有天份的運動員。

接下來發生的事，是桑稱為第一個改變他人生方向的「命運安排的聚合」。「從幼稚園到讀完中學，我從來不覺得自己是運動選手。」桑說。

桑對當老師這份工作一直充滿熱情。一九六三年肯亞從英國獨立後，教師是肯亞最先聘用的人員。這讓他很清楚，誰能透過教育獲得成功。桑希望成為一位老師，努力改善他的經濟情況。他沒有想過離開肯亞。當時，完成學業就能保障一份工作。一個人可以走的路，只限於成為一位老師，或者加入軍隊或警察。

那是一個很不一樣的年代，桑說。「我很嚮往我小時候的那個年代，」他說：「一九七〇年代時，我們活在一種（不一樣的）體制。人窮的時候，什麼事都可以做。你在學校的成績好，你就能得到你應得的。你申請一份工作，你就會得到一份工作。」

職業運動員在當時，不像現在會成為一種人生選項。當時人們所看到的運動生涯，和現在非常不一樣。沒錯，肯亞跑者在一九六〇和七〇年代就有優異的表現。奧運金牌得主基普．凱諾可能是最家喻戶曉的名字。桑說，那個時代運動員的成功，是一種非常不同的情境。「當時沒有金錢犒賞。只有榮耀。而在一個窮困的國家，榮耀能帶你去哪裡？」他繼續說：「與凱諾同時期一起拿到獎牌的人，有些人現在落得窮困潦倒。」肯亞第一位障礙賽奧運金牌得主阿摩斯．比沃特只是其中一例。

當桑在學時，運動員在各行各業中，是被瞧不起的。「田徑或其他運動也一樣。轉捩點是在一九八〇年代左右，運動員開始賺錢了。」桑解釋說，後來愈來愈多人投入跑步這項活動，成為一名職業運動員，開始取代其他的職業生涯選項。

一九八二年，也就是桑就讀中學的最後一年，當時美國德州大學的田徑助理教練詹姆斯．布雷克伍德（James Blackwood）遠道而來，從奈洛比國際機場，開上孤零零的一條泥土路往偏鄉伊騰鎮，到了柯姆弟兄的家門口。布雷克伍德知道，要成功招募到優秀的外國運動員，他必須仰賴一個他可以信任的人。柯姆弟兄就是那支指南針。

柯姆弟兄與布雷克伍德坐在家裡，一邊啜茶，一邊想著，想著。

「我要，還是不要？應該要還是不要把桑引介給布雷克伍德？」他靜靜地沉思著。桑可以有機會到美國讀大學，為那個年代的村民思考「下一個通往大堂的地方」。

「在聖派翠克中學有個男孩，」柯姆弟兄開始說：「喬瑟夫・契勒戈（Joseph Chelelgo）。他的學業表現優秀，是最聰明的肯亞運動員之一。他在班上，你可以現在去跟契勒戈談談。」

他看著布雷克伍德在筆記本上快速寫下。柯姆弟兄的話，字字如金。

「還有一個男孩……」這幾個字說出口。常理戰勝他的思考了。

「派翠克・桑。」停頓，「他是一位優秀的障礙賽選手，一位好學生。個性好，什麼都好，」他告訴布雷克伍德：「這是你要找的人。」

布雷克伍德繼續在筆記本上振筆疾書。

「你得去魯莫克烏去找桑。」

×　×　×　×　×　×

雖然布雷克伍德從來沒有見過桑比賽，也對他的細節一無所知，他抓住柯姆弟兄的話，從伊騰開了一個半小時的車，到位於卡普薩貝特的魯莫克烏。校長找桑去校長室時，他正在上課。

「我不是個惹麻煩的孩子。」桑笑著說，他還記得他被校長召見的那一刻。他當下想到的是，也許家裡發生了什麼事。

「這位是你的訪客，」校長指著說，桑滿臉疑惑。這裡坐著一位「mzungu」，這是一個斯瓦西里語（Swahili），通常用來指一個白人（雖然這個字實際上是指流浪者）。

「我是遠從德州來的，」布雷克伍德開始用桑幾乎聽不懂的德州口音說話：「我來這裡，是想為你提供全額獎學金。」他們坐在那裡談了一陣子，這段時間足夠布雷克伍德對年輕的桑有個初步印象，認為他「很親切」，而且是他直覺知道，一個值得投資的人。「其他人來過伊騰招募。他們沒有選走桑，因為他們認為他跑得不夠快，」布雷克伍德回憶說，他還補充說，柯姆弟兄還告訴他，桑「（在障礙賽中）成績大約是九分鐘，這在高海拔地區是很好的成績。」

當然，桑要正式接受這份獎學金，得要獲得父母的同意。所以，在得到校長的同意後，他離開學校，陪同布雷克伍德回家，去見他的母親。

布雷克伍德記得來到幾間茅草屋，是桑的家。桑的母親沒有上過學，當她聽到布雷克伍德覆述了他們的提議：去美國讀書的獎學金時，既困惑，又好奇。

「全都包了，」他告訴她。或者應該說，翻譯訊息的桑告訴她。她只需要付桑的機票。獎學金是個美夢，對父母和孩子都是。

好啊！好啊！好啊！她點點頭，突然拔腿跑，穿著她的長裙跳過一個柵欄。

「桑，她要去哪裡？」布雷克伍德問。

桑的母親興奮地跑開，去告訴一位鄰居這個好消息。

布雷克伍德看著她自然且輕鬆地跳過他目測有一二〇公分高的柵欄，他立刻心想：「若桑能像他媽媽一樣輕鬆跨欄，他就沒問題了！」想到這件事，他仍笑了起來。

「很奇怪。」桑回憶起改變他人生道路的那一刻：「當你年輕的時候，你真的很理想主義。我想那是很棒的人生體驗機會。」雖然對未來他將面對的一切一無所知，他仍毫不猶豫地接受了這個提議。他未來在美國的日子，將強化他對自己與對世界的理解。

但首先，要去美國，計畫上要先安排一個「harambee」，這是一個肯亞的習慣，意思是「全體動員」。這個字會變得流行，是在肯亞從英國獨立後，肯亞的第一任總統喬莫．甘耶達（Jomo Kenyatta）在他的演說中用到了這個字。這裡長久以來有一種由部落首領帶領，一起幫助需要的人的傳統，主要是協助重要的人生大事，例如生病、葬禮、受教機會，或是婚禮。

同一年，一九八二年八月一日，肯亞發生了一場政變。初級空軍軍官占領了奈洛比外圍的東連空軍基地（Eastleigh Air Base，即今日的莫伊空軍基地［Moi Air Base］），以及附近的恩姆巴卡西空軍基地（Embakasi Air Base），想要推翻丹尼爾．阿拉普．莫伊（Daniel arap Moi）總統的政府。據《華盛頓郵報》報導，雖然這場起義在政府反擊後失敗了，但造成數百人死亡，數千人被拘禁，約有超過五千萬美元的身家財物遭到洗劫。

桑當時在蒙巴薩參加全國的跑步比賽，贏了障礙賽。這場競賽在七月的最後一天結束。隔天是一個周日，全隊要出發往北邊的卡普薩貝特，參加另一場比賽。回程的時候，巴士得開車經過奈洛比，也就是這場軍事政變的槍戰中心。剛拿到獎牌的全國冠軍坐在巴士裡，眼睜睜目睹了車窗外恐怖襲擊之後的慘狀。

「你無法忘記，」桑說：「到處都是屍體。」

那場混亂令人震驚。柯姆弟兄和校隊分開，獨自來往於比賽之間，他還記得被警察攔下盤查，被命令在三十分鐘內進入一棟建築物內，以遵守晚上六點半的嚴格宵禁。他趕緊進入他能找到的第一間飯店。「那整晚我只聽得見槍聲、尖叫聲、大叫聲和跑步聲。」

隔天早上離開奈洛比前，他踏出飯店，被命令將兩隻手高舉過頭，其中一隻手還握著他的身分證。

——不同的世界

這個十字路口是：「我要選擇學業生涯，還是選擇運動生涯？」如柯姆弟兄所述。

他說的是肯亞有個時期，有幾位特別優秀的運動員在課業和運動兩方面都很成功。「桑就是這種情況。」

也就是，一九七〇與八〇年代，有一個層級的肯亞運動員被招募到美國大學，而且最後在世界舞台大放異彩。在西方受教育、獲獎牌最多的天才之一，是來自南迪郡的亨利．羅諾（Henry Rono），他是一九七〇年代末由華盛頓州立大學精挑細選的。羅諾後來贏了三面美國國家大學體育學會（NCAA）的越野獎牌、NCAA的障礙賽，以及三千公尺室內競賽。他打破了四項距離的世界紀錄——三千公尺、障礙賽、五千公尺和一萬公尺——全都是他在學生時代創下的紀錄。

保羅・伊仁（Paul Ereng）離開奈洛比的斯塔瑞奇男子中心（Starehe Boys Centre）一年後，還是維吉尼亞大學新生時，就贏得了NCAA的八百公尺比賽，接著又在一九八八年奧運的八百公尺比賽中贏得金牌（肯亞第一人）。

伊卜拉辛・胡珊是聖派翠克中學與柯姆弟兄第一位產出的運動員，在他於一九八七年成為第一位贏得紐約馬拉松的肯亞人（也是第一位非洲人）之前，先進入了新墨西哥大學（University of New Mexico），之後又贏了三次波士頓馬拉松，而且參加奧運兩次。

當然還有肯亞第一位最有代表性的八百公尺跑者，一九七二年奧運金牌麥克・波伊特，他是從東新墨西哥大學（Eastern New Mexico University）畢業的，還拿到史丹佛大學的碩士學位和奧勒岡大學的博士學位。對於想要橋接運動和教育的人來說，他們的終極典範，「波伊特無疑是來自肯亞最符資格，最成功結合體育—學術的人物。」柯姆弟兄說。

一九八三年，當時桑十九歲，他離開肯亞時，也是延續這樣的傳統去美國居住和讀書，這是他第一次到這個國家。一月八日——他特別記得這個日子。他搭乘比利時航空——從奈洛比飛往紐約，然後到奧斯汀，這趟旅程原本應該和布雷克伍德另一位招募的學生一起——聖派翠克中學的契勒戈。但桑和契勒戈抵達紐約時，契勒戈誤搭上了前往休士頓的班機。布雷克伍德在機場等待這兩個年輕人，當桑一人飛抵，不見契勒戈時，他們兩個人同樣驚訝。

「我永遠不會忘記看見桑在奧斯汀機場沿坡道走下來時的樣子，」布雷克伍德回憶說：「他帶著兩個木頭長頸鹿，還有一個有點破的小袋子。全部就這樣。為了省錢（不用申報行李），他身上穿了三件內褲、三條褲子和三件襯衫。」

大學生活與他熟悉的肯亞有著強烈的對比。宿舍，社交出遊，運動能力的檢核。

總教練克利本．普萊斯（Cleburne Price）對布雷克伍德從全世界招募來的、特別有天賦的外國學生並不了解。所以當他第一眼看見桑，就質問他一連串尖銳的問題：

你在越野賽的成績怎麼樣？

我沒有跑過越野賽。

你一千五百公尺的成績是多少？

我沒有跑過一千五百公尺。

你五千公尺的成績是多少？

我沒有跑過五千公尺。

「當我說我只跑過三千公尺，他很失望，因為他們以為找到一位超級明星，」桑回憶道：「他開始激動起來。他相當生氣，請助理教練去安排一場計時測驗。」

「那個傢伙對我們不太開心。計時測驗就為兩……個人。」桑和契勒戈。「這很誇張。對我來說，這顯示這個傢伙不太行。那個年代沒有網路，你無法確認某人說的時間是不是真的，嘴巴說了就算。」

「我並不生氣。我對自己誠實，而這是我的底線。我告訴自己，如果因為這樣就要回家，我也無所謂。我從來不對任何人說謊。我的邏輯是有系統的，而且在我認為對的範圍之內。我大可以假裝我跑過（所有那些距離）。」

桑在跑道上起跑，他瘦長的雙腿優雅地，但積極地在跑道上跨出大步，他跑在契勒戈之前。他跑著，繼續跑，最後跑了七圈半。九分三秒後，整個大學田徑隊──以及桑記得當時在場的當地《奧斯汀美國政治家報》（Austin American-Statesman）記者──這時都很清楚，這個肯亞人的天賦不再是個問題的了。雖然桑的跑步生涯將會起飛，但他這次來美國的早期經驗，是苦澀的。「整個過程教我許多關於如何作為一個人，」他說：「在我來德州之前，我是個容易相信別人的人。」桑接著說：「第一次，我發現自己討厭另一個人。」

起初，普萊斯教練給桑的印象是，說謊沒有關係。「我認為，他想要他的自我相信，他招募到了優秀的運動員。我拒絕配合這個說謊的過程，」桑說：「直到那一刻，我一直把《福音書》當真理，而謊言從來不在我的字彙裡。」

「我不怪他，」桑繼續說：「他的工作是有風險的。在那之前，他們遇過幾位後來毫無表現的東非運動員，而贊助一位外國學生要花很多錢。所以我想，這個傢伙當時把我看成『他會成為另一個麻煩』的人。」

桑告訴自己，要在德州闖出自己的一條路；德州大學在當時，用他的話來說，是「一所給白人的學校」。「而我自己的路，是了解我拿到的獎學金的意義。」他必須保持至少GPA在二．〇以上，他必須為田徑隊拿到分數。這些規範指引他如何投入他的時間和資源。

桑和契勒戈達成了一項共識，包括婉拒和校隊一起參加晨訓，以便他們更能專注於課業。畢竟，他們正在適應新的學校體制，他們的目標是拿到分數。大會冠軍。NCAA冠軍。得分，得分，得分。他倆與布雷克伍德會面，他同意他們的目標：課業上拿好成績、為校隊得分。「在這過程中，不用擔心團隊精神的問題，因為那對我們沒有意義。」桑說。

當然，適應美國的新生活，是一個學習的過程，尤其是在德州的生活。德州……很不一樣——桑這麼形容。「這段過程使我精進不少，」他說：「在德州的經驗，部分是人生中必要學的，欣賞生命、重視生命，並且找到自己的路。」

桑學到該在哪裡出現，不該在哪裡出現。在德州，「很清楚有某些社區、某些街區，是像我這樣的人不被允許去的。你去了，可能會被殺死。」照他的說法，他的膚色使他的出現成為一個問號。他是來偷東西的嗎？他應該出現在這裡嗎？

「《吉姆．克勞法》（Jim Crow laws）* 所謂的隔離但平等，傷害了美國的一切。身為歷史系學生，我學習的速度很快，」他說：「一顆開放的心對人生很有幫助。在我看來，若你看那些被威脅的人，要不是覺得自己比較差，就是覺得你非我族類，我必須表現出我比較優越。這是人類心中的拔河。大部分表現這種情緒的人，都有自卑情結。他們不認識他們自己。」

桑短暫地體驗了社交生活。他記得有一次他和契勒戈剛到德州的第一個月，被邀請去吃頓晚餐，他們去了。帳單來的時候，大家要分帳。

「我們身上沒帶錢。我們以為我們是被請客，」桑說：「這些小事會讓你真正了解你是誰。」

之後，桑便婉拒了社交性的出遊。相反地，他退到了圖書館。「美國教我很多事。我發現，大學生活和德州真正的生活不一樣。這是成長的一部分，只要你不在當中迷失。」

他沒有迷失。這個成長過程中一向「不製造麻煩」的人，也是一個能排除障礙的人。像契勒戈被逮捕的那次。事情發生在他倆騎桑的摩托車繞校園的時候。

「那輛摩托車有個很長的故事，」他笑著說：「那是獨立的標誌。我可以買車的。但我想買對我實用的東西。」要在廣大的校園裡活動，摩托車比較方便。契勒戈和桑騎摩托車時，校警把他們攔下。當校警發現契勒戈曾有交通違規紀錄時，便將他逮捕了。

桑回到他與幾位越南學生同住的房子，立刻打電話給布雷克伍德。契勒戈需要保釋金，不只是要讓他免於在牢房裡過夜，也因為他和桑隔天要參加一場田徑賽。桑整晚努力籌錢，但他籌錢的速度不夠快。所以契勒戈只得苦等一晚，直到隔天才被保釋出來。

「好像電影情節一樣。」桑回憶說。

一名拿獎學金讀土木系的明星田徑選手騎摩托車被攔下，並遭到逮捕。桑回

＊ 譯註：《吉姆．克勞法》中的吉姆．克勞被認為出自一八三二年一齣音樂劇中的黑人主角吉姆．克勞，後來「吉姆．克勞」開始成為黑人的代名詞。《吉姆．克勞法》指的是一八七四至一九六五年之間，美國南部各州對有色人種實行種族隔離的制度。一九四五年後，民權運動興起，美國國會於一九六四年通過《一九六四民權法案》，禁止任何形式的種族隔離與歧視政策，《吉姆．克勞法》在法律上走入歷史，但種族歧視的觀念，幾十年來仍無法根除。

憶這段細節時，他的聲音變得很激動。然而桑明白了一個人在美國有多麼容易被逮捕，尤其如果他剛好是個黑人。

在美國的生活是一疊的教訓。認真努力與認識自己，是他生活的方式。當他提起大學時的社交冒險，故事愈來愈多。例如有一次他和學長被帶到一間夜總會。抽菸，飲酒，他都沒有參與。他只是看著其他人，同時明白那種生活方式與他重視和想要的，有多麼違和。「我當時告訴自己，這不是我。這不是我的人生。」

他對美國仍然存有許多美好的印象。「美國有許多美好的事物。如果美國不是一個把機會給予每個人的偉大國家，我們當中有些人就不會有我們所得到的機會。」

桑靠著每個月幾百美元的獎學金生活。額外的錢，就靠布雷克伍德幫桑和契勒戈找工作，他總是會幫他們找。「你一定得幫忙。你不能把某個人老遠帶過來，然後，你知道的，不能讓他自生自滅。」布雷克伍德說。有一次放假時，桑去工地工作，一輛綠色卡車停下來。「你跟每個人說你是從東德州來的，」布雷克伍德告誡他。

「我們學到遠離某些街區。」桑說。

桑每天工作十六小時。其中一項工作，是坐上卡車，搬運一箱箱的 Miller Lite 啤酒。「我們一大早六點鐘就離開家，晚上才回到家。你回家時不會坐下來，會直接去沖澡，然後準備隔天的衣服、設鬧鐘。當鬧鐘響時，你就從床上跳下來，」桑笑著說：「美國教我們很多事。」責任、勤勉、努力工作，「這是為什麼我不做無意義的娛樂。」

在餐廳當洗碗工，也是極度累人的工作，但這段經驗真的讓他好好地思考了人生。「周五和周六是最慘的。周六時，（餐廳）可能凌晨兩點打烊。你平常搭的公車已經收班，所以你得走路回家。你的腦袋會想很多事，你試著想像你自己。這是我十年後還可以做的事嗎？你開始思考、激勵自己，我得做其他的事。」

當然，這些都是他核心目標之外的事。桑說，當他努力朝提早於三年半從德州大學畢業的目標前進時，他們兩個肯亞人與普萊斯教練之間的裂痕愈來愈大。但桑說，他自己在德州大學的動機，讓他能夠尋找自己的出路。有趣的是，一九八四年，桑是障礙賽排名第二快的肯亞人，這多少讓他覺得自己可能有機會代表肯亞，參加在洛杉磯的奧運。但他沒有被選入奧運代表隊。肯亞的奧運選拔賽遠在數千公里外的家鄉舉行，桑不可能回去參加。取而代之的是，他在俄勒岡州尤金市（Eugene）的海沃德田徑場（Hayward Field），參加NCAA錦標賽（他在障礙賽項目得到第四名）。

桑於一九八六年拿到經濟主修與地理輔修學士學位畢業時，他已三度被選為全美最佳業餘運動員，而且他在學校障礙賽中創下的成績，至今仍未被打破。

所以，接下來呢？下一個要攀爬的樹枝是哪一個？

一位朋友鼓勵桑考慮繼續讀研究所——他決定申請時，已經以大學生身分報名研究所課程。但他沒有多餘的錢繳交學費。愛荷華州立大學為桑提供一份獎學金。他接受了，而且報名了城市規劃與區域發展的碩士課程。

「那很像讀法學院，」桑回憶說。他期待返回肯亞，協助興建更好的基礎設施。「我的大學課程為我真正想要追求的方向打好基礎，也就是城市規劃。我的國家還在發展中，而且還很新。當時我們獨立建國還沒超過二十年。我看出這個（教育）在我回國後，能幫助我和我的國家。」

但桑離開德州前往愛荷華時，他必須賣掉一些家當，摩托車是其中之一。當布雷克伍德回想起他用兩百元買它的那一天，用「很妙」這個詞。「我記得我騎它到南奧斯汀的家，我得騎小路回去。」布雷克伍德想到那天笨拙地在校園裡騎車找路，輕笑了起來。

「很特別，」他說起桑：「那傢伙很特別。」

×××××

一九八七年桑到愛荷華州報到時，他已經完全當自己的教練了。他得到了令人嚮往的研究生助理工作，桑有部分工作是負責處理大學生的考試作業。但他的教授也是運動迷，讓桑的工作不會太繁重。桑可以利用他額外的時間訓練。

這所大學也有拿獎學金的其他肯亞田徑運動員，其中有一些是紅衫運動員。* 總教練比爾．柏根（Bill Bergan）知道桑在德州大學的傑出表現，也知道他參加

＊ 譯註：紅衫運動員（redshirt）是美國大學運動員的一種特殊狀態，指那些推遲、暫停或者中止參與ＮＣＡＡ比賽，從而延長（通常是一年）自己參賽資格的運動員。

過愛荷華州首府德梅因（Des Moines）的德雷克接力賽（Drake Relays），便問他是否考慮幫忙訓練那幾位肯亞紅衫運動員，因為他們不被允許與校隊做正式的練習。對桑來說，這是很好的機會。因為他自己正在準備一九八七年在羅馬舉行的世界錦標賽，這樣一來，他就有訓練夥伴了。「這是一個大好機會，」桑說，雖然他也澄清：「我沒有真正教他們；我只是幫助他們訓練。」

不管他做什麼，年輕跑者都跟著做。桑在德州大學的自我教練經驗，已為他做好準備。「自我教練只是覺察你自己。若你做太多，傾聽你的身體。若你做太少，傾聽你的身體。每次一場比賽結束，為自己評分。」桑說：「有點像塑造自己往教練方向走。」

桑在大學或研究生時期的自學方法，不是靠教練方面的書。他只是分析他的比賽結果後，想好該怎麼做，這對他規劃他的訓練內容（他仍然有一本記錄他所有訓練的筆記本）很有幫助。桑指出，他所受的高等教育有助於增進他的批判性思考。「（中學時）整個答題的過程，你得動腦。一旦它進入你的腦袋，你也會帶著它，應用到其他的事情上。」

睡在一間大房子裡，或睡在一間小房子裡，有什麼不同？睡覺就是睡覺，他大聲說出他的一個想法。「類似這種在你大腦裡的對話，使你認識與發展你自己的觀點，」他說：「這可以應用到跑步，只要你是設計跑步訓練計畫的人。一天結束的時候，你明白為什麼你這樣設計。然後，當結果出來時，你可以說：『若我早在這裡調整一點，也許就能達到這些成績了。』漸漸地，你會走往某種你發展出來的系統方向。」

有機會的話，桑會獨立參加比賽，這樣一來，他能維持他跑步的最佳狀態，並且檢核他的教練原則。當他的能力幫助他大幅拋升至世界舞台時，這種方式似乎對他很有益處。一九八七年九月，在羅馬舉行的第二屆世界田徑錦標賽中，桑是男子三千公尺障礙賽三十八位選手之一，也是三位肯亞選手之一。他在決賽中拿到第八名。

之後，他在愛荷華大學休學一學期，以便準備一九八八年在南韓漢城舉行的夏季奧運。最後，他延遲了他的碩士課程一年，在二十六歲時完成了學業。

×××××

「我記得在美國時，我和一位耐吉公司的行銷人員談話。我問，耐吉是否有可能贊助我？那個人說不可能。我問：「為什麼？」他說，耐吉在非洲沒有產值。「我們沒有賣到非洲，我們只賣到歐洲和美國。」桑記得對方這麼說。「他是一個講事實的傢伙，但他應該要委婉一點。他教了我一課：你要有價值，別人才會認可你。」

桑說，他曾經婉拒一份迪亞多納（Diadora）價值兩萬美元的合約，這是一九八七年時，由一位荷蘭人提出的機會，他想當桑的經紀人，而且擅自代表他與運動品牌協商。「他來的時候，帶了一袋衣服和一份合約。我看著那個傢伙說：『我不簽。』他跟我說：『我沒見過像你這麼愚蠢的人。』我說：『謝謝你。』」

「我說，這不全是錢的問題。我想要參與討論的過程，我希望你能事先告訴我，我正代表你進行一些談判。」

所以，桑關了那扇門，直接與愛迪達（Adidas）連繫。他說，這家公司提出要贊助我訓練的配備，外加參加比賽的相應獎金。桑選擇了愛迪達，「因為他們以人性的方式處理我的事情。」

「想像一下一個『愚蠢的肯亞人』拒絕一份兩萬美元的合約，」他說：「在當時，這是一大筆錢，而且也有獎金的選擇權，沒人懂。甚至我的朋友也會問：『為什麼？』」

他從美國耐吉行銷人員與那位荷蘭人對待他的方式裡學到教訓；對他們來說，他們只關心他可以讓他們賺多少錢，他的簽名同意可以提供多少價值。對桑來說，這是一則很重要的訊息。他決定要拿回控制權，即使條件起初看起來比較不吸引人，有自由便值得。一九八七年是他認為與愛迪達同行的開始。經過一段時間，他的決定證明是明智的。愛迪達對他的贊助長達約十年，直到他從跑步比賽退休。

當桑於一九八八年在漢城參加奧運時，愛迪達提出若他能跑進決賽使有一筆獎金，如果他跑進前三名，還有更多的現金。桑說，他在障礙賽決賽拿到第七名，可以拿到三千美元獎金。他去愛迪達位在奧運選手村的辦事處領取獎金。「他們付的是現金。他們給我一個信封。上面有我的名字。我簽了名，拿了信封。我沒有當場點錢，便回到我的房間。我打開信封，裡面有一萬五千美元。我又數了一次，再一次。」他把這件事告訴與他親近的人。「每個人都告訴我：

『你沒有偷錢，這是給你的，留著吧。』我把錢留在身邊三、四天，最後決定：『不，我得把它還回去。』」

他把信封帶回去選手村的愛迪達辦事處，「老闆來了。」桑回憶，他指出金額的錯誤，收取他應得的三千美元。「我感覺很棒，那是我賺到的三千美元，而不是我不該賺的一萬兩千美元。」

桑說，信任永遠不是可以用金錢買的。他認為那一刻是對他道德位置的考驗，相較於他所認識的真實，一個可能沒有原則的世界。

「我也更認識我的朋友了——他們對金錢的想法，認為金錢是一切。對我而言，金錢不是一切。做對的事情，可以帶你走得很遠。」

桑一輩子抱持著一種特別的意識型態。「我的哲學是，美善永遠會閃耀。對的事物絕不會失去光澤，」他說：「如果你想走錯的路，你一定會看到後果。」這是他努力灌輸給他的運動員的原則，雖然他會間接用寓言故事來教導他們。

有一個故事是發生在他年輕的時候，當時有人會來他們家收集牛奶，送去一間乳製品加工廠，肯亞合作乳品公司（Kenya Cooperative Creameries）。桑記得有一個親戚經常賄賂來收牛奶的人。桑記得，雖然那位親戚賺到比較多的錢，但他的人生卻經常遇到不好的事，這在年輕的桑心裡留下很深刻的印象。

「你做的任何壞事，會回來跟著你，」他說：「最後，我形成一個原則，就是我總是努力做對的事，那是我的驅力，我看過做對的事情的結果。而我也見過當你故意做壞事，會有什麼後果。」

「我的良知不允許我知道我做了不對的事。」他說。

××××××

桑在準備一九九二年巴塞隆納奧運的時候，獲得一個瑞士跑步俱樂部的贊助，這個機會是一九九〇年他拿到碩士學位後，去歐洲旅行時無意間遇到的。他很感謝跑步給了他機會，讓他看見世界。這趟旅行包括去瑞士參加一場半馬，他在那裡遇見一位代表瑞士參賽的南非女子。「不知道為什麼她認識我，但我不認識她。」他回憶。比賽結束後，她問桑拿到碩士學位後，接下來有什麼計畫？不再讀書了，至少目前是這樣。

「接下來呢？」她問。

「我真的不知道，」他告訴她。

他正在十字路口上，他的心思還在跑步上。另一個選項是回肯亞，找一份工作。「我無法想像之後是什麼樣子，我只想繼續跑步。」桑說。

她問他是否有興趣被引介給一位也許可以幫助他在運動生涯方面更上一層樓的人士。「她向瑞士一間大保險公司的總裁提到我，這位總裁也是舉辦蘇黎世一場世界級比賽的一個俱樂部的會長。這位人士派了一輛 Jaquar，我們在一間豪華餐廳吃了一頓有五道菜的午餐。」桑還記得。

他給桑一個提議：他可以在瑞士居住與訓練六個月到一年的時間，為「蘇黎世田徑俱樂部」（Leichtathletik Club Zürich）參賽。「何不試試看呢？」他說。所以他答應了。桑從一九九一年到一九九八年為這間俱樂部跑步（他現在是一名榮譽會員）。他笑說他的人生是七年的循環，先在美國、接著在瑞士，雖然在這段期間，他只是間歇地代表這間俱樂部。

「我怎麼會在對的時間點去瑞士跑了一場半馬，然後遇到一個人，」桑說：「你不會計畫這些事。」

然而，就像他說的：「生命就像傾倒在地上的水，它自然會找到它的路。」

「瑞士給了我一個正式的機會學習人生。我知道了我想要在這一生為自己做什麼，」這段經驗，他補充說：「奠定了我為自己做出來的，作為指引我的關鍵支柱。也就是，對自己誠實，對於混沌的世界要小心。在瑞士，每件事都很清楚、有條理。哈利路亞！我可以身處在我的價值系統被接受與讚賞的地方。」

住在瑞士這段時間，也教會他理財方面的知識。「當我去瑞士的時候，正是從業餘運動員過渡到一個稍微專業運動員的時候。」桑回憶，他從他的比賽成績賺到的錢，都會由組織收取。之後，再由運動員申請拿到他的錢。

桑會把他的基金放在瑞士信託的帳戶，最後他存到足夠的錢，符合擁有一位投資理財專員的資格。「每年，我慰勞自己和家人一個美好的假期，都是用那個帳戶的錢，」他說：「你那麼辛苦是為了什麼？」他的目標是在銀行有足夠的錢送孩子上大學、照顧母親，並且在四十五歲左右退休。

在瑞士生活的那段時間，是桑從業餘明星轉變到投入職業運動員生涯的形成時期。在瑞士時，桑的合約給了他付擔得起生活開銷的機會，讓他在肯亞奧運選拔賽前自我訓練。為選拔賽準備，以及後來他第二次參加奧運的經驗，讓桑同情起其他和他一樣沒有教練的運動員，這是他進入教練工作的原因之一。

××××××

二〇〇〇年，桑被挑選參加一項由世界田徑總會（IAAF）地區發展中心贊助的教練課程。他在奈洛比上課，在課程中學習運動科學，特別是在中長距離跑步的領域。受訓當教練使他的思考方式更寬廣，他說。

「當我訓練自己時，我是針對特定賽事。你不能和我以前一樣，只是用猜想。教練是一門科學，這是事實，它不是情緒，它不是猜想。」

桑於二〇〇五年在甘耶達大學（Kenyatta University）完成了這項課程，拿到證照，能擔任中長距離訓練的教練。他的教練方法一向被描述為「全觀作法」。在他的想法裡，一位運動員不只是一位運動員。「你是誰？」是他想要他督導的每一個人去思考的根本問題。「如果你從一個人的身上拿走運動的部分，還剩下什麼？」他說。

桑的運動員大部分都成長於貧窮的環境。你出生的地方、你就讀的學校、你居住的環境，都會深深影響你觀看世界的方式。

「當你出生在一個貧窮的環境，你可能會就讀一所貧窮的學校。所以你可能只受到有限的教育。當你成為運動員，這個背景會影響你如何從運動的外部與內部投射你自己，不論你喜歡與否。」

這個背景是肯亞大部分成功跑者的一個共同分母。「（除了）也許一個，或至多兩個人，其他所有人都是來自鄉村農家的背景。你想不到哪一個運動員不是從鄉村地區來的，」柯姆弟兄說：「桑也是。他被放置在一個生活與生活方式都非常基本的地方，這意味這些年輕孩子的靈魂都非常堅強，性格非常堅強。他們知道艱難是什麼，他們知道受苦是什麼。當比賽的時候，他們知道破除痛苦的障礙是什麼；他們一輩子都在經歷這些。」

桑說，正是這種背景，驅使他和他的團隊要創造一個「全人」（whole-rounded person）。

× × × × ×

一九九五年，桑透過派翠克・馬蓋爾（Patrick Magyar）收到一封來自全球運動傳播公司的信件；馬蓋爾是鑽石聯賽蘇黎世站的總監，那是一場僅邀請菁英參加的年度田徑賽。全球運動傳播公司想要在肯亞建立一個據點。這家公司在衣索比亞已經有一個據點（赫門斯於一九八二年拜訪衣索比亞，一九八五年拜訪肯亞）。那時桑還是一名參賽運動員，已經順利轉換到教練領域，負責教練一個小規模的受訓團隊，包括伯納德．巴爾馬賽（Bernard Barmasai），他後來打破障礙賽的世界紀錄。這封信讓他回到了起點。

原來，一九八〇年中有一次在歐洲旅途中，桑的行李在火車上被偷了。他恰巧遇到荷蘭人喬斯．赫門斯，他是全球運動傳播公司的執行長（雖然當時這家公司的名字還是「運動傳播服務公司」〔Sports Communication Services〕。）赫門斯先前於一九八〇至一九八四年在耐吉公司工作時，就將耐吉這個品牌推廣到歐洲。赫門斯對於他與桑到底是怎麼連絡上的，印象已經模糊了，但他記得他在一間飯店遇到他。雖然兩人不太熟，赫門斯至少知道桑是一位有天分的運動員。他給了桑一袋耐吉的運動裝備，之後兩人便各走各的了。

赫門斯本身也是一位世界級的跑者，從青少年時就展開他的運動員生涯，先是障礙賽選手，後來轉至五千公尺和一萬公尺賽。他曾兩度入選荷蘭奧運代表隊，第一次是一九七二年慕尼黑奧運，是五千公尺賽的選手，然而在以色列隊發生恐怖攻擊後，他便退出了比賽。一九七六年蒙特婁奧運時，赫門斯參加了一萬公尺賽的決賽，他在高手雲集的比賽中得到第十名，決賽中包括蟬聯冠軍的世界第二好手芬蘭長跑運動員拉塞．維倫（Lasse Virén）。五天後，赫門斯參加奧運馬拉松賽。他的成績是兩小時十九分，名列第二十五名。

蒙特婁奧運前，赫門斯已連續兩年打破一小時賽的世界紀錄，他跑出的距離是二〇九四四公尺，這個紀錄一直保持到一九九一年才被打破。他的阿基里斯腱毛病從十八歲就開始，他以注射皮質素和多次手術的方式治療超過十年，最後在一九七八年，他二十八歲時結束了運動員生涯。

喜愛跑步的赫門斯仍想繼續留在國際體育圈。他想過成為一名教練，但當時在荷蘭的機會很小。赫門斯和布倫登．佛斯特（Brendan Foster）是第一批在美國以外地區的耐吉公司跑步運動員，當時的耐吉還只是一家僅銷售跑步用品相關的公司。從比賽退役後，赫門斯加入耐吉公司，擔任他們荷蘭市場的行銷與公關經理。

一九八二年，他協助成立耐吉在歐洲的本部。三年後，歐洲本部搬到英國，他成為耐吉的顧問。一九八五年，赫門斯成立自己的公司，「運動傳播服務公司」（Sports Communication Services），後來更名為「全球運動傳播公司」（Global Sports Communication）。

與耐吉的緊密關係，讓他深切了解運動員的需要，應該有更好的支持。他經常收到與訓練和教練相關的問題，還有關於贊助、醫療保健與一般管理的問題——這些都是他自己在比賽生涯管理自己時，曾經遇過的問題。當中也包括安排他想參加的比賽。

赫門斯還是運動員時所欠缺的，正是他為他管理的運動員們所提供的，從行銷到醫療保健。許多運動員想和他合作。利用耐吉公司的預算，赫門斯安排比賽、服裝、合約，等等。

身為一名經紀人，也是跑步界的第一位經紀人，赫門斯引領許多世界頂尖選手的生涯，如前馬拉松世界紀錄保持人與兩度奧運一萬公尺賽冠軍海勒·格布雷西拉西耶（Haile Gebrselassie）。全球運動傳播公司自成立以來，經手超過一千名運動員，他們加總起來拿過一百面以上的奧運獎牌、打破九十五項世界紀錄。

赫門斯想在肯亞建立一個訓練營的基地，在他看來，這有一部分是要為從比賽賺取獎金的運動員，建立一種制度。赫門斯說，當運動員從一場比賽賺到獎金，家鄉的一些親戚會想來分一點好處。「這是我們想要建立一個訓練營的原因，」他說。一個可以讓跑者少一些干擾的地方，讓他們能專心跑步，並且得到完全的支持。

赫門斯說，他怎麼知道桑是主持這項計畫的適合人選？這是個憑直覺的決定。「我遇過很多的教練，但他們大部分的水平不適合，」赫門斯說。他想要一位能提供架構的人。受過教育、聰明、有效率、有教練經驗的人。「這很自然，」赫門斯說到提名桑這件事：「每件事都在我的直覺中。」

「我沒有多想，」桑回憶，「我同意一起合作。」在桑眼裡，肯亞缺乏一位夠資格的教練，正是他想要修正的不平衡。

這顆種子從桑的家鄉南迪郡開始。他的團隊租下了一間學校，作為明日之星的跑者的訓練營。他們安排計時賽。表現出色的運動員接下來會接受面試審查。

下一步是在伊騰建立一個訓練營。這個過程有些曲折，因為他們好幾天要從一個地方到下一個地方。「我們其實沒有很明確清楚知道要去哪裡。這種生活我很不喜歡，」桑說：「這時我們坐下來問，『我們到底想要達成什麼目標？』」

一九九九年，桑與他的團隊目標一致了。他們招募了幾位半馬成績至少六十一分鐘以內的人。一旦他們招募到五至十位運動員，馬拉松計畫開始發展起來，他們用來自耐吉公司的基金來支持這項工作。慢慢地，他們在卡普塔加特建立了一個與外面隔離的五英畝基地，並於二〇〇二年正式掛牌為「全球運動傳播訓練基地」。

u m o j a   n i   n g u v u

團結中的力量

strength in unity

菁英的住處

一個周五早上，陽光照在一個卡倫金男孩的身上，他穿著牛仔褲和一件藍白條紋的襯衫，獨自走在伊騰紅岩色的泥土路上。他的右肩扛著一個十公升的黃色水壺，棉質襯衫接住了從他背上滾下的一滴滴汗珠，這在不知不覺中強健了他的體力。

三位菁英跑者踩著幽靈般的步伐跑過。農民忙著在一片像碎裂的奧利奧（Oreo）巧克力餅乾的農田上犁田，這三位跑者的出現沒有驚動他們。山羊被綁在纏上刺鐵絲的木柱上，旁邊還有瘦骨嶙峋的乳牛，牠們都離跑者遠遠的。男孩終於把水壺放在地上，讓肩膀輕鬆一下，他也沒有注意到明日冠軍正在培養中。

這樣又過了一天。

伊騰有個綽號是「冠軍的家鄉」。當柯姆弟兄於一九七〇年代到這裡時，這裡的鄉村地區只有六、七間房子，兩、三間的小鋪和酒吧。沒有郵局，沒有自來水，沒有電，沒有電話，沒有柏油路。

「人們從來不知道伊騰這個地方。以前你對大家提到伊騰，從來不是像今天這樣。」柯姆弟兄說。

這裡，是世界級長跑選手的麥加。

清晨六點二十分，人們就會看到一群多達六十名的跑者（有時甚至更多）在提爾森木材場（Tilson Timberyard）對面的泥土路上集合。他們長繭的雙腳下踩著的土地，與世界上任何其他地方都不一樣——任何當地農民都會說，這是深紅色的堅硬土壤，富含鐵，而且非常肥沃。許多植物在這裡很容易生長。東非大裂谷的路邊盡是其豐富營養物質的副產品——從馬鈴薯、甜菜到胡蘿蔔、羽衣甘藍和捲心菜。

跑者每天踩踏在這片土地上兩次，一個星期裡幾乎每天。他們練習程度多寡的證據，可以從地上吐口水的痕跡看出來。泥土路上沒有能量果膠或運動飲料的空瓶，這些跑者出來跑步時，頭上沒有戴耳機，他們只是出來跑步。跑很多。這裡跑二十公里，那裡跑三十公里。他們在塔姆巴克（Tambach）鬆軟的泥土上訓練他們的速度，這個跑道要付一百先令（約一美元）搭野雞車（一種公共運輸的小巴）二十分鐘，才能到達。

伊騰這個小鎮不是給娛樂型跑者的，這裡是正經嚴肅的，這裡賭上的是生計。

這個地區位於東非大裂谷的懸崖之上，是世界長跑運動員的搖籃，在全世界享有盛譽。這裡也是國際跑者的必訪之地。過去，包括英國奧運金牌得主莫．法拉（Mo Marah），贏過七次大型馬拉松的奧運選手寶拉．拉德克利夫，以及從德國、丹麥、匈牙利的歐洲國家隊選手都來過這裡。二〇一八年波士頓馬拉松金牌得主美國人德斯．林登（Des Linden）也在伊騰訓練過六個星期，他曾經提到這裡的跑步文化說：「我不知道你還可以在哪裡找到這樣令人印象深刻的地方。沒有地方能贏過它。」

這幾千人的小鎮有一部分是農民，其他大約三分之一是運動員。跑步在這裡和附近地區，已經根深蒂固。裂谷地區盡是跑步天才，這提高了競爭的層次。三十歲的馬拉松選手米薛克．基普古里．甘迪（Meshack Kipkuri Kandie，人稱古魯伊［Kurui］），他就很明白。他一心的願望，便是在比賽中拿到好名次，以便贏得獎金支撐家庭生計——只要他能從他最好的成績兩小時十五分，再少個五分鐘。相較於伊騰的其他跑者，他的成績只算中等。

這個賭注和期待出奇地高。「相較於市場對一名德國選手的期待，人們對一位肯亞選手的期待是什麼？你不能說一名（五千公尺）跑十三分十秒的德國選手，和一名跑十二分五十五秒選手是一樣的。但那位肯亞選手必須跑十二分五十五秒，才能和一位跑十三分十秒的德國選手一樣。」桑說。

「這告訴你的大腦什麼？這告訴你，我的成績必須更好，必須維持，如此你才能維繫同樣的關注。」他補充說。若不了解這一點，他強調，一名肯亞運動員便走不出去。

過去十年，古魯伊拿他白天擔任運動按摩師的工作，來支持他的訓練；每一小時，收費五百到一千先令（大約五至十美元）。他最忙的時候，一星期可以服務六、七位客人。但這份工作有季節性，因為眾多國際運動員大多是在冬季時飛來這個地方。自然地，這創造較多的工作機會。當收入好的時候，古魯伊便不用擔心支付他每個月二千先令（相當於二十美元）的租金。但有時他必須格外努力，才能養他的太太和七歲兒子，讓他們有房子可以住。當他在手上塗滿擠奶膠——一種用來為母牛擠奶時用的，類似凡士林的潤滑油（其實這用來為跑者按摩也很好）——他臉上大大的笑容掩飾了生活上的不確定性。

古魯伊將壓力移轉到日出前安靜的決心，他穿上別人捐的鞋子，快速出門，在起伏丘陵的泥土路跑上三十公里，路上唯一的聲音，是偶爾經過的摩托車發出的轟轟聲響。這是他真正的工作，只是這項工作沒有收入。雖然他在馬拉松裡能跑到每英里（一．六公里）五分十秒的配速，但還沒達到目標。

如果古魯伊是住在美國的某一座大城市，他會被認定為一名菁英跑者，雖然還沒快到可以贏得像紐約馬拉松那樣的大型賽事，但已經夠優秀，能在大約五萬名跑者中名列前二十名。把他放在美國較小型的馬拉松，有提供獎金的那種，他有潛力能夠贏得冠軍，賺得一些收入。

例如二〇一九年俄亥俄州的克里夫蘭馬拉松——符合波士頓馬拉松參賽資格的馬拉松，且獲得美國田徑跑道認證——的冠軍肯亞選手是愛德溫．基馬悠（Edwin Kimaiyo），他跑出的成績是兩小時二十二分，而且拿到了三千美元的獎金。

同一年，科羅拉多州丹佛市的科爾法克斯馬拉松（Colfax Marathon），在一千五百名參賽者中，美國人丹尼爾．哈本（Daniel Huben）以兩小時三十一分衝過終點線。透過馬拉松菁英運動員計畫，打破賽道紀錄的選手，還可以拿到一千美元的獎金。這個清單還有：

尤金馬拉松（Eugene Marathon）：二〇一八年冠軍成績兩小時二十二分（衣索比亞人塔克魯．德尼克〔Teklu Deneke〕）；男子冠軍美金一千元。

綠灣馬拉松（Green Bay Marathon）：二〇一九年冠軍成績兩小時二十八分（美國人馬丁．漢茲〔Martin Hinze〕）；男子冠軍美金兩千五百元。

印第安那波利斯紀念馬拉松（Indianapolis Monumental Marathon）：二〇一九年冠軍成績兩小時十七分（美國人奈特．古索斯〔Nate Guthals〕）；男子冠軍美金一千二百元。

費城馬拉松（Philadelphia Marathon）：二〇一九年冠軍成績兩小時十六分（衣索比亞人迪里巴．迪吉法．伊吉祖〔Diriba Degefa

Yigezu〕）；男子冠軍美金一萬元。

在美國，你不用成為一位頂尖的菁英才能得到支持，不論是贊助的形式，或是擔任產品代言人。紐約人法蘭西斯科．巴拉格塔斯（Francisco Balagtas）就是一例。這位三十七歲的菲律賓跑步教練跑超過二十場馬拉松，個人最好的成績是兩小時四十五分，被認為是一位微網紅（micro-influencer）。他曾經一次收到至少七個品牌的支持，從 Hoka 跑鞋、Oakley 眼鏡、Garmin GPS 手錶、Ciele Athletics 的服裝，以及 Maurten 的運動營養品。有些贊助是金錢報酬，有些是產品贊助。

他住在大城市，讓他有這項優勢。上述這些支持不是平白交給巴拉格塔斯的。他確實靠拉抬他自己，來贏得這些合作。「社群媒體幫助一般人比真正有能力的運動員，更有機會成為一個具有明星影響力的人，」巴拉格塔斯說：「有些人拿到好處，可能是從別人那裡拿來的。」

沒那麼頂尖的跑者必然與一般人較貼近，因此更好行銷，而如果他們有這樣的特質，也願意抓住他們所在市場的優勢，便能有一連串的機會。這種情況在像伊騰這樣的地方比較不可能，即使有的話。這裡的跑者必須以最少的資源來撐下去。

許多肯亞鄉村裡尚未建立自己跑步優異成績的跑者，都是靠自我訓練，以及靠彼此學習訓練的技巧。他們穿著二手裝備——隨便套上的運動衣、經濟條件較好的運動員捐贈的跑鞋，這些通常是來伊騰訓練幾星期的歐洲運動員所留下的；也有支持長跑的水，不是某種專門提供運動營養的食物。例如古魯伊，他黑色的Reebok襪子包住他八吋長、飽經滄桑的腳，上面又套上一雙破舊的耐吉襪子，這些是一位專業德國跑者給他的。像古魯伊這樣的運動員想要建立他們的生涯事業，有時他們會成功；但更常見的結果，是鎩羽而歸。

將近一千名的跑者聚集在這裡，只為一個目的：鍛鍊自己變成運動上所定義的成功。競賽很密集，而且是每天的。每個人都想要成功。

約五十公里外，在一個比伊騰更偏遠的隔離訓練營，「A級」運動員正由桑負責指導訓練。

×××××

二〇一九年時，伊騰連接卡普塔加特的路——比馬拉松的距離還長——是一條鐵鏽色的寬濶泥土路。如今，石板色的柏油路已經取代它原來的樣子，提供一條快速的路徑，而不只是通過埃爾多雷特的替代道路。跑者在清晨六點前繼續善用這條平順但較硬的路面，這時，他們運動服上的反光滾邊在黑暗中一閃一閃地，標記著某種對自我精進的投入。

這條路大多是平坦的，除了不時出現的減速丘，阻斷想一路開快車的人的速度。頭頂天幕上的星星，像是沒路燈的馬路上微弱的燈光。兩旁的玉米田在漫長的雨季（三月至五月）期間顯得肥美翠綠，但雨季以外的時候（十月至十二月）則呈現無力與乾黃，它們在太陽開始泛起桃紅色的光芒，約早上六點十四分劃亮天際時，變得清晰可見。但在此之前，卡普塔加特當地的跑者在連接全球運動傳播訓練營前柏油路的泥土要道上慢慢走著，大量腳印已經很明顯了。

他們的出現大多和古魯伊一樣，想要讓自己更精進。有好幾年的時間，桑允許卡普塔加特的當地人參加他的訓練。「百分之八十。」他估計平時訓練時，他純粹只是幫忙的跑者比例。桑正式教練的運動員大約是五十位；他會告訴你非正式的數字將近兩倍。在桑指導的所有運動員中，他估計女性跑者的人數不到百分之十。

「使男女跑者的人數平衡，從來不是一個目標，但最近幾年女性跑者愈來愈多，是一件好事，」桑說：「這個問題是，如果你不處理根本的事——他們出生的地方、讀書的地方，家庭的類型等，頂尖的運動員可能會中途退出。」尤其是女性。如桑說的，性別不平等阻礙了肯亞女性透過運動脫離貧窮的機會。她們結婚後，過著一般家庭主婦的生活——不論「家庭生活幸福美滿或是悲慘，」桑說：「我們是這樣失去我們的女性運動員的。」

若一位運動員找到了前來這個訓練營的泥土跑道，他大多是受到歡迎的，只要他們是認真的訓練。如果有桑的一位運動員為他擔保，也會很有幫助。在一場周二早晨的典型速度練習中，就包括一位聽力受損的運動員大衛．基普寇吉（David Kipkogei），他住在距離訓練營五百公尺的地方。基普寇吉說，他沒有經紀人。自從二〇一九年開始，他就常來報到，與桑的團隊一起訓練，他的半馬最佳成績是六十四分，五千公尺成績是十四分二十八秒，他希望成績更進步。

進入全球運動傳播訓練營是一個令人高度嚮往，而且充滿考驗的機會，也是一個墊腳石。這裡是真正的工作開始的地方——在運動方面更上一層樓，並且修練成一個全人。讓桑答應指導一位運動員的條件，不僅是他們可以跑出的時間數字；也包括他們所呈現的個性，或至少他們的潛能。桑喜歡面試他可能指導的運動員，了解他們的成長歷程、他對這運動員有多少信任，知道他需要投入多少心力在這位運動員身上，以及這份投資要進行到什麼程度。「我想要願意學習的人。如果你不懂運動，那麼，我會教你認識運動，」他說。

但桑指的，也是學習運動之外的人生。探究一位運動員的背景，可以讓桑知道要如何與他們溝通。

「當我看他們沒什麼表現時，我會深入了解。你無法想像你所發現的，」他說。他不用言語指出特定的人或事，「很多複雜的事，」任何桑知道要保密的事，他就會保密。「這些是促使我為這些人奮鬥，而且對他們嚴格的小事。因為，你知道，如果你放鬆，結果會怎樣。」他停頓了一下繼續說：「有一個我們訓練的人，他的成績變得很好。後來，壞朋友把他帶偏了。他回到了原點。我們試著一點一點重建他。」這位運動員努力回頭，自己振作起來，而且在他跑出兩小時八分的馬拉松成績後，似乎回到了正確的路上。桑記得他為這位運動覺得驕傲，他沒有說出名字。雖然他跑出兩小時八分的成績，但他的經紀人相當失望。

這位運動員最後似乎沒有跑出亮眼成績。

接著，這位運動員繼續喝酒。「我非常生氣，不是氣他，而是氣反轉這趟旅程的人。我們陪伴這個傢伙，我幾乎要放棄了，還是說：『不，讓我再等等。』」桑說。

後來，這位運動員重新有了起色，向桑道歉，並問他是否願意繼續指導他。桑歡迎他回來。「重要的是，他已經改過自新。」教練這件工作對桑來說，不只是運動員跑出的成績，教練是讓一個人的生命精進。

有些情況，桑會把某個運動員趕出訓練營。在菁英訓練營一年的考驗，是一個很慷慨的難得機會，但桑必須把這個機會從那些本身雖然是明日之星，但心裡卻缺乏動機、吊兒郎當的天才身上拿回去。在這個只適合具有遠大志向、專注且願意付出的運動員的環境裡，一個缺乏方向感的靈魂沒有容身之處。

桑認為的人生成功關鍵要素當中，教育的順位很前面。有一次，管理單位送來兩個男孩給桑，桑發現他們都還沒完成學業。「出自原則，我說我不能收還在上學的孩子。沒得談。你必須完成高中學業。」他說。他逼問這兩個年輕運動員。

「你們是誰？」

「跑步之後你們要做什麼？」

「要是你們在跑步上不成功，該怎麼辦？」

「這是一個負責的人告訴你，你沒有完成學業，不能成為一位職業跑者。我告訴他們回學校，讀完，再回來。」

只有一個運動員是一邊在訓練營，一邊上學讀書，那是一個特殊的情況。除此之外，每個在訓練營的人都是讀完中學的，桑說。「我無法妥協我的原則，」他指出：「能給你學習、看管和互動的最好場所，就是學校。」

「如果你想成為一位優秀的職業選手，你需要教育，」他說：「溝通技巧不是天上掉下來的。那來自一個系統，最好的系統之一，就是學校。你不必是一個聰明的學生。但是當你經歷過一個學校系統，你會發展出技巧——人際技巧、社交技巧，各種技巧。」這對一個人的性格是加分。

桑補充說：「性格即全部。」

全球運動傳播訓練營座落在卡普塔加特一片五英畝的土地上，海拔高度兩千四百公尺。這裡是菁英跑者的第二個家，包括前馬拉松世界紀錄保持人與奧運金牌得主基普喬蓋、兩屆紐約馬拉松金牌傑佛瑞·卡姆沃羅（Geoffrey Kamworor）、兩次馬拉松世界冠軍阿貝爾·基魯伊（Abel Kirui）、二〇一七年波士頓馬拉松金牌傑佛瑞·基魯伊（Geoffrey Kirui），以及一群成績在兩小時六分以內的傢伙，如拉邦·柯里爾（Laban Korir）和強納森·柯里爾（Jonathan Korir，兩人無親戚關係）。

另外還有田徑明星，如費絲·基皮耶貢（Faith Kipyegon），她是女子一千五百公尺最厲害的選手，二〇一六年里約奧運的金牌得主，自從二〇一四年以來，每一場她參加的大賽，非金即銀。這裡還有海文·基揚（Hyvin Kiyeng），里約奧運女子三千公尺障礙賽銀牌選手，她的目標是在這個項目裡贏得肯亞的第一面金牌。

令人讚嘆的是，這只是訓練營中，驚人而且大多有經紀人的天才中的一部分。這裡絕大多數的運動員由全球運動傳播公司擔任經紀人。有些由桑擔任教練的運動員住在附近不同的訓練營，而且是由One4One Sports擔任經紀人，那是由荷蘭人麥可·波伊廷（Michel Boeting）成立的公司。桑說，對於住在全球運動傳播訓練營而未被代理的運動員來說，留在這裡訓練的機會，變成是管理上的一種招募工具。

「只要等，繼續努力。」是他們傳達給尚未有經紀人或公司的運動員的訊息。訓練營成員拉邦．柯里爾說：「他會告訴你有人會來。」

當運動員全神專注於達成多數人夢昧以求的目標——世界紀錄、奧運獎牌、奧運紀錄、主要馬拉松金牌、鑽石聯賽榮譽——時，每個人都遵循著同樣簡約的標準。

「以前沒有像這樣的訓練營，」桑說，相較於他還是比賽選手的時候，現在的情況好多了。他大多於四月、五月和六月在蘇黎世，海拔四百公尺左右的地方訓練。夏天裡，有時他會去海拔較高的聖莫里茲（一八二二公尺）。他很享受訓練的過程，從來沒有質疑自己在做什麼。「我召集我身邊的人，認識我是誰，」他說。他知道他的「為什麼」，「有時候，我得搭車一段時間去跑山路訓練，我會清晨四點出門。」

「在這個專業裡，當你達到這個水準，你會得到你的價值，從你的投資角度來看。這是根基於事實的心態上的改變。當你有了到達那裡時的心態，中間的所有這些事，你不會有感覺。」桑說。

「我總是告訴其他人，我在美國當學生時的假日，我通常在工作，有一段時間甚至每天工作十六小時。有時候我看到有些人為一些小事糾結，我試著想：他們為什麼不能做這些小事呢？都是大腦想法的問題。我從來沒有見過任何人太努力，然後因為努力而死。每次他們更努力，他們會愈來愈強壯。」桑說。這是他一直抱持的心態，也是他試著灌輸給他的運動員的。

然而，獨自訓練是痛苦的，他說。「你缺少最後那一點，那個推力。」缺少教練是另一項挑戰。「如果你有個教練，他可以推你一把。或者你有其他的運動員夥伴，有時你可以喘個氣，而他們可以接著，讓你可以休息一下，接著再更努力。這些是我當時的挑戰，」桑說。

這些如今在訓練營裡都不缺。

一旦進入訓練營的藍色大門，有一條小路通往一塊讓訪客停車的空地，這裡大約可以停兩台車。轉角的地方即是運動員的住處，約有三十個房間，每個房間有兩張床——兩人一間，只有基普喬蓋和卡姆沃羅例外，他們各有一個房間。一棟建築是給男性運動員；另一棟是給女性運動員。

房間裡很舒適。在兩張床中間，有足夠的空間放一個床頭櫃，還有一張小桌子讓運動員當雜物抽屜——幾條乳液，六、七個空瓶（水、茶、雪碧），一卷衛生紙，牙刷，一盒燈泡，一根有黑點的香蕉。白色的蚊帳從天花板上垂掛下來，旁邊牆上有掛勾，掛著幾件夾克和一個背包。床是鋪好的，看不出每天早上例行五點四十分起床鐘響後的匆忙，這個鐘響是來自走道牆上的上課鐘。從周一到周六，運動員輪流值班打鐘。

訓練營大多是由他們自己運作，而且有著一股團結的氛圍。可以說，是由運動員駕駛這艘船。除了一位廚師，這裡沒有其他的員工。但即使如此，整個星期每位運動員都要參與烤出三十條桑所稱的「你吃過最新鮮的麵包」。這麵包料好實在，富含高蛋白質，膨鬆而厚實，不需要塗果醬或蜂蜜。「吃幾片後，你就不需要吃午餐了。」桑笑著說。

運動員通常會在訓練後，輪流傳遞一個麵包盤，每一片都很厚，配上幾個白煮蛋——「放養的。」桑得意地說，他指的是肯亞的基涅茲雞（Kienyeji）——還有一壺熱水瓶的溫熱肯亞茶（全脂鮮奶、紅茶和很多的糖），給教練和他的協力團隊。他們拿了幾張白色的塑膠椅到草地上，圍成一個圓圈，彷彿桑和他的訓練夥伴是客人，被邀請在訓練後坐下來，他們一起喝茶、吃麵包，一邊享受這裡的景致，一邊談笑風生。

在這裡的人明白他們的「為什麼」，就像當桑過去是競賽菁英選手而且獨自訓練時，他明白他的「為什麼」。

這個「為什麼」至關重要。

這個「為什麼」會敦促一個人每天都更進步。

這些運動員會推選一位主席和各個委員會的成員，負責掌管訓練營裡的不同任務，從清潔打掃到管理飲食和餐費預算。桑說，通常主席不會是最頂尖的運動員，但他發現，擔任領導者能提供其他改變生命的體悟，教會他們如何從心理上強化自己。「當你把某個人放在領導的位置上時，他的大腦會動工。這是我們用的小技倆。」桑說。

「以前每次我參加肯亞代表隊時，我都被任命當隊長。」他說。他相信，他被推選擔任這個角色的原因之一是「免去由我製造出來的問題，」他笑說：「一九八七年我第一次參加肯亞代表隊時，我帶給他們很多麻煩。大家都像羊群一樣被趕來趕去，我說，這樣不行。」他果然是永遠在批判思考的人。「當你把某個人放在擔負責任的位置，會完全改變他們的心態。」

訓練營裡的設備很簡陋，沒有什麼便利設施。在室內，天花板上補色的油漆開始剝落。磁磚碎裂的浴室裡，只有一個水桶供洗澡。這裡的組織嚴格是很明顯的，從藍色鞋櫃上一排排整齊的跑鞋就看得出來，共有數十雙，大部分的鞋子上都沒有泥土，似乎在訓練結束後，都用牙刷和肥皂刮洗過了。這裡有一間圖書室，是以基普喬蓋的朋友，已經過世的耐吉公司特別計畫副總珊蒂．伯德克（Sandy Bodecker）為名，這裡捐贈來的書量愈來愈多，每一本都蓋上日期，還有捐贈者的簽名；書名、價錢、捐贈日與捐贈者的名字都編目在紙上。在這個房間的角落有一個公共空間，有一台電視和一塊白板，供每周的閱讀課使用。訓練營聘請一位每星期前來的家教之前，幾位運動員會輪流教幾位想要提升識字能力的營地成員，基普喬蓋是老師之一。

樹番茄、百香果、香蕉、酪梨樹和玫瑰，點綴了廚房和男子宿舍後面的景色。這裡的會議通常在果樹下舉行，襯著安靜的背景。

在物理治療室外面，有一個鈷藍色的塑膠桶，大到可以裝兩百公升的水，運動員在訓練結束後，可以來這裡泡約十分鐘的冰水。他們有時會把它稱為「冰箱」。雖然他們不是每次想要泡冰水就可以來泡。二〇二一年五月初，一天快中午的時候，坎．基吉．歐茲畢連（Kaan Kigen Özbilen）* 在完成八趟一千六百公尺的練習後，想要來舒緩他灼傷的肌肉，但當時沒有冰塊可以給他——這在美國或歐洲其他菁英運動員受訓的基地，資源沒有那麼拮据的地方，是不太可能發生的。

相較於西方國家的訓練營，全球運動傳播訓練營絕對不是一個豪華的堡壘。例如在亞利桑納州海拔兩千一百公尺弗拉格斯塔夫市（Flagstaff）的北亞利桑納大學，學生運動員和弗拉格斯塔夫市民都可以使用奧運等級的長五十公尺、寬約二十三公尺的水上運動中心；也有一個三百公尺室內跑道、四百公尺室外跑道，還有現代化的體適能設施，和高度專業的訓練器材，例如 AlterG 的無重力跑步機，這一台器材的價格因不同機型，價格從三萬五千美元到七萬五千美元。全世界的運動員都飛往北亞利桑納大學和弗拉格斯塔夫市，為二〇一六年里約奧

* 原註：坎．基吉．歐茲畢連先前的名字是 Mike Kipruto Kigen，二〇一五年時改名為 Kaan Kigen Özbilen，正式比賽時是代表土耳其隊。

運做準備。

將近二十年來，桑在卡普塔加特的跑者利用他們自有的設備運作，完全沒有那些現代化的豪華器材或設備。有很長一段時間，這裡連自來水都沒有；運動員得從井裡打水。這種情況在二〇一八年時改變了。「很多家公司與我們連繫。但你知道，桑很嚴格，他就是這樣。在他讓你繼續之前，你必須先接受面談。」山米．蘇古特（Sammy Sugut）說，他之前住在這裡，二〇一九年時成為教練團之一。最近，訓練營有了自來水管線，運動員還是喝井裡的水。現在，訓練營還安裝了太陽能板供熱。

「這個東西最初不是為菁英運動員準備的，」桑說。他的想法是要發展某個能培養運動員的東西——在曾經是一片森林的地方。「我們得認真做移除的工作，這裡以前到處是樹椿。」

赫門斯也從來沒想過卡普塔加特的全球運動傳播訓練營會變成現在的樣子。他說，他想像中的是更大的規模。他說他想要改進訓練營，例如寢室。「它很好，但太簡陋。」他評論說。問題是，他的願景對於這座設施的核心，是否是一致的？來到這裡的運動員明白，為了達成他們夢想的最終實現，犧牲是必要的。

這座訓練營簡陋的環境有一種獨特的氛圍，神祕的像是某種能量渦流。這是當你聚集眾多冠軍與明日冠軍時，塑造而成的。他們的意念裡充滿了靈感與盼望。

「這裡像是我們的辦公室，」訓練營中的明星運動員之一卡姆沃羅說。他另一個周末時的家，是在埃爾多雷特的一間大房子，那裡有他的妻子，照顧他們五個孩子。

「這不是你一輩子都可以做的工作。最長也許就二十年，」卡姆沃羅說的是他的職業跑步生涯，「當然我們有一個家庭，有好的房子。你做了犧牲，沒有住在那裡。你來到訓練營，因為你知道你在人生中想要的是什麼。」

m w a n g a z a   m p y a

新的黎明

a new dawn

——重建一位冠軍

一大清早，當卡姆沃羅的雙腳連續地踩踏在柏油路上，黑暗的天空仍籠罩大地。二〇二〇年六月的一個星期四早上，他五點五十分出門，穿著一身黑色的運動服，打算獨自跑三十公里。這位兩屆紐約馬拉松冠軍過去習慣在卡普塔加特參加團體訓練，但是由於新冠疫情的不確定性，迫使他和他的隊友分開，獨自一個人跑，直到獲得進一步的指示。當時卡姆沃羅才剛為他的肌肉做好熱身，開始訓練跑不到一英里，一輛汽車的前燈從後面照亮了整個路面，一輛噗噗噗的摩托車尾隨在後，但卡姆沃羅沒有聽見。摩托車騎士完全沒注意到卡姆沃羅削瘦的黑影，突然急轉閃車。

瞬間，這輛摩托車把他撞倒在地。這位菁英跑者——一七〇公分高、只有五十八公斤——無力地躺在路邊，一臉驚嚇。他用手摸頭時，手上立刻沾滿了深紅色的血。直到摩托車騎士急忙把他送到埃爾多雷特的聖路克整型與創傷醫院（St. Luke's Orthopaedics and Trauma Hospital），他才感覺到右腳的疼痛。到處都是血。卡姆沃羅以為只是輕傷，然而實際上傷勢慘烈許多——兩片撕裂傷的頭皮需要縫合，右小腿內側也縫了幾針止血。照X光後發現脛骨斷裂，需要緊急手術來修復。

這是卡姆沃羅的身體有生以來第一次被迫按下暫停鍵。桑聽到這個消息時正在開車，他立刻轉向往醫院去。

「運動員總是會受傷。但意外造成的傷是不一樣的，」桑說：「意外會讓你進入恐慌模式。」

桑與卡姆沃羅和他的家人在急診室見面。對於許多嚴重的傷勢，運動員會大老遠飛到歐洲治療。但因為全國封城，所有進出肯亞的航班都暫停了。這意謂手術將由當地的運動外科人員來執行。這次手術要從他的腿中取出碎裂的骨頭，抗生素和止痛藥有助減緩這次手術後的痛楚。在心理上，卡姆沃羅必須面對殘忍的事實：全世界最有天賦的長距離跑者之一，必須走上復健之路，而不是依原來的計畫，努力取得東京奧運肯亞代表隊的資格。目前是如此。

××××××

卡姆沃羅的全名是傑佛瑞・基普桑・卡姆沃羅（Geoffrey Kipsang Kamworor），於一九九二年十一月二十二日出生在卡普塔加特東南邊的奇普柯里爾（Chepkorio）村。在他的整個童年裡，走路上學是家常便飯；從家裡走到奇普薩摩小學（Chepsamo Primary School），單趟是三公里，一天加起來走上十二公里是很尋常的事。

之後，卡姆沃羅就讀了四年的魯爾波內特男子中學（Lelboinet Boys Secondary School），這是一所公立的寄宿學校。他住宿的地方是「金夏沙房」，是以剛果民主共和國的首都為名。魯爾波內特中學所有的宿舍房間都是以非洲的城市命名。這個房間裡一起住著十二個學生，只有水泥牆和一扇孤零零的窗，光線照進有點歲月痕跡的上下鋪，床上鋪著薄薄的、破舊的床墊。他起床後去上學，早晚都會去跑步。

卡姆沃羅對跑步的興趣，是在看到其他運動員比賽時興起的。他一開始參加比賽，就成了各種距離賽事的常勝軍，從八百尺到一萬公尺都有，不論是在校際或國內賽事。他甚至在十六歲時就贏得十公里的路跑賽。但卡姆沃羅的自信還不太夠。事實上，他對於是否應該在跑步方面更上一層樓，有些畏懼和退縮，掙扎著是否該繼續受高等教育。最後，他在青少年時期於跑步上的成功，將他原本想成為一名律師的夢想轉向了，他婉拒了一個到美國讀大學的機會。

一位科學老師對卡姆沃羅的天賦有相當多的幫助。「你很能跑。」他告訴卡姆沃羅。他的天賦夠，可以成為一名職業選手——也許有朝一日能與他一直崇拜的世界級菁英同台競技。

當卡姆沃羅的表現繼續在跑步界節節高升，接下來就如旋風一般。十七歲的夏天，他在斯堪地納維亞半島參加三千公尺和五千公尺的比賽，大部分是在芬蘭。

那年稍晚，也就是二〇一〇年的十二月，他加入了全球運動傳播訓練營。「很友善。」卡姆沃羅還記得他剛來的第一個月，見到他新的訓練夥伴時的印象，這些夥伴包括來自烏干達的史蒂芬．基普羅蒂奇（Stephen Kiprotich），他後來成為二〇一二年奧運的馬拉松冠軍。

卡姆沃羅搬進卡普塔加特，與幾位全世界最有天賦的跑者一起生活和訓練——包括基普喬蓋與兩度世界馬拉松錦標賽冠軍阿貝爾．基魯伊。三個星期後，卡姆沃羅成為世界越野錦標賽二十歲以下組的冠軍，進一步將自己推向國際舞台。

桑不急著把他推往馬拉松的領域，雖然他這兩年都很熱衷挑戰長距離的練習。二〇一一年，當奧運冠軍海勒．格布雷西拉西耶，也是全世界最偉大的長距離跑者之一，嘗試與肯亞跑者派翠克．馬卡烏（Patrick Makau）在柏林馬拉松挑戰世界紀錄時，考驗來了，卡姆沃羅被挑選為配速員之一。

「配速員就是一切。」格布雷西拉西耶說。他們很有經驗，而且很盡責，他們會控制時間，同時保護領先跑者免受風力的影響。格布雷西拉西耶說，他沒有預期到卡姆沃羅跑得和他一樣好——畢竟，他還只是個街頭小子。就在卡姆沃羅為馬卡烏在這場比賽跑出兩小時三分三十八秒的世界紀錄後，他證明他已準備好輪到自己上場了。

而他確實準備好了。

隔年，二〇一二年時，柏林馬拉松的主辦人馬克．麥爾德（Mark Milde）邀請了這位長距離賽的明日之星參加這場知名賽事，這次是跑全程。一年前麥爾德看過年輕的卡姆沃羅贏得柏林馬拉松的半馬賽，之後麥爾德就一直追蹤他，而且對他在柏林馬拉松擔任配速員的盡職表現印象深刻。這次反過來，卡姆沃羅將由一位他在訓練營的夥伴費爾蒙．羅諾（Philemon Rono）為他配速。

卡姆沃羅現身在柏林的泰格爾機場（Tegel Airport），頭上戴著一頂白色棒球帽，身上穿著一件紫紅色的襯衫、套著一件棕色皮夾克，他穿的褲子因為細瘦身材而略顯寬鬆。他推著一只手提行李箱，笑容滿面。他會待在運動員飯店；當他沒有參加技術會議時，就安靜地在床上休息。

比賽早上九點開始，那天早上，卡姆沃羅被指示早上六點吃早餐。他穿著黑色的田徑裝擠到了起跑線。「不要有壓力。」他在比賽前大聲地說出來，這個畫面被荷蘭製片鮑德溫．德．坎普（Boudewijn de Kemp）拍到了，他在紀錄片《不知名的跑者》（*The Unknown Runner*）中跟跑了這一段路。

卡姆沃羅站在幾位配速員後面，他脫掉了運動外套，露出跑過千萬里路的堅實雙腳。一位配速員還幫卡姆沃羅的橘色耐吉跑鞋綁上雙結。當菁英跑者都被召集到起跑線，這位背號二十，前面貼上「吉普桑」（Kipsang）名牌的人，上前迎接他未知的命運。

他在起跑線上下跳動，後面有將近四萬名跑者，他身邊則是肯亞跑者丹尼斯·基梅托（Dennis Kimetto），當時他還不是世界紀錄保持人，但已經在成形中。卡姆沃羅的上下跳動是想甩掉他對於眼前未知的緊張，或者只是他熱身的方式，只有他自己知道。

卡姆沃羅從鳴槍後就快步奔跑，廣播傳來說他是「中間穿著灰色上衣的那位」，值得注意的選手，並進一步描述他是一位成熟的青少年跑者。而且是跑步常勝軍。

他和基梅托、傑佛瑞·穆泰（Geoffrey Mutai）和強納森·麥悠（Jonathan Maiyo）一起——肯亞四人組。「誰會是最大膽的？」一位體育評論員在這一群人通過三十公里（全程四十二·一公里）處時這麼問。穆泰和基梅托這兩位一起訓練的夥伴向前飛奔，脫隊了。卡姆沃羅繼續跑在第三名的位置。

很好的一個巧合是，他的首次馬拉松登場，就是在他先前為知名馬拉松傳奇格布雷西拉西耶領跑的同一個賽道上。卡姆沃羅已為這一天特別增加坡度訓練，包括周日，這個通常留給教會、家人和個人時間的神聖日子。

「死命地」撐著，「死命地」試著跟上——轉播員用了這個字兩次。卡姆沃羅衝過布蘭登堡門，繼續最後衝刺。獨自一人，但也不是獨自一人。當卡姆沃羅接近終點時，粉絲擠滿兩邊的人行道，爆出如雷的歡呼與掌聲，他如入無人之境。

當他的雙腳以兩小時六分十二秒通過終點時，他只有十九歲，在二十八歲的基梅多和三十一歲的冠軍穆泰後面。

但卡姆沃羅原本期盼跑出兩小時五分的成績。對一個不被看好的選手來說，比期望目標多一分鐘不要緊。失敗沒有關係。

除了對他來說，他覺得真的有關係。

「兩小時六分還不錯，」他小聲地，似乎有點被說服。「我不會因為這樣覺得受傷。」

桑描述卡姆沃羅是他在生涯中遇到的極少數特殊的運動員，驅動他們的力量是當時桑看不出來的。就像柯姆弟兄在桑年輕時在他身上看見的一樣。「你身上有某種特質。你說，我不知道，但我們一起發現那是什麼。」柯姆弟兄說。

卡姆沃羅是桑所謂的「真正的麥子」，在外殼和像泥土、石頭那樣的雜質都去除後，留下的東西。果實是你要的東西。

×××××

在訓練營的生活可以心無旁騖。平淡，安靜，平和。與這個泡泡外面的世界相反，一種傳染性的呼吸道疾病正開始占據世界。

肯亞第一個新冠肺炎病例在二〇二〇年三月十二日確診，是一位二十七歲的肯亞女子從美國經過倫敦，在奈洛比機場降落時篩檢出陽性。三天後，肯亞總統烏胡魯·甘耶達發布了一項積極防堵病毒傳播的行政命令，包括全國部分封城。學校關閉了，飛入肯亞的國際航班停飛，其他全面性的旅行限制也跟著發布。只有必要提供服務的人員為例外，一般居民只能在家工作。健康部長穆塔希·卡圭（Mutahi Kagwe）下令禁止所有的社交聚集，全國性的宵禁從晚上七點到清晨五點，自二〇二〇年三月二十七日生效。體育文化與遺產部長也宣布停止體育禁賽和團隊型的體育活動。

為了自己、他的團隊和運動員的健康，桑別無選擇，只能在二〇二〇年三月關閉了訓練營，把所有人都送回家。他透過 WhatsApp 提供訓練、追蹤進度。沒有大家一起的跑步訓練了；晨間團體的長跑，變成獨自在杳無生氣的馬路上跑步。保持健康成為最優先重要的事，如桑說的，保護他們自己免於神祕的「降臨的怪物」攻擊。

一位八百公尺的選手威克里夫．金亞馬爾（Wycliffe Kinyamal）是桑唯一允許留在訓練營的運動員，他是二〇一七年時入營的。

金亞馬爾有部分馬賽族的血統，他生長在距離兩度奧運金牌大衛．魯迪沙（David Rudisha）的家鄉納洛克郡（Narok）十一公里處，納洛克郡位於肯亞南部的馬賽馬拉國家保護區旁邊（Maasai Mara National Reserve），在卡普塔加特南部大約一百五十公里處。這個地區並不利於訓練，金亞馬爾說。專業跑步在這裡不常見，而且這裡的地形與卡普塔加特的泥土路比起來差很多，卡普塔加特的海拔比他的家鄉高。

當國際與國內巡迴賽的機會消失，金亞馬爾仍覺得他要隨時待命。一位菁英跑者無法突然無視他的專業，他的速度、耐力、體力。這是桑說的，在培養一位運動員時，需要平衡的三個訓練面向。金亞馬爾的想法是，如果，或當他有可能出國參加鑽石聯賽，他應該維持自己體能充滿的狀態；鑽石聯賽是全世界最好的系列田徑邀請賽。

所以金亞馬爾一人住在訓練營裡，時間長達數月。他會聽傳統的馬賽音樂來打破寂靜。現在沒有訓練營的廚師準備的苔麩粥、烏咖哩、肯亞茶，還有鬆軟薄脆的印度烤餅，金亞馬爾只能每餐自煮。他在卡普塔加特附近空蕩蕩的馬路上訓練，偶爾加入當地另一名運動員一起練習。他看著訓練營的訪客停車場旁邊的一塊地，變成了一個泥土跑道。二〇二〇年三月，工程開始進行了。之前，他們得搭車到埃爾多雷特，在毛大學（Moi University）法學院的煤渣跑道練習。

桑不知道，關閉訓練營只是他們即將面臨的挑戰的開始。

×××××

當新冠病毒於二〇一九年十二月底開始在中國武漢現蹤時，全世界對他們不了解的事，完全摸不著頭緒。

二〇二〇年一月時，世界衛生組織祕書長譚德塞宣布了公共衛生緊急狀態，需要國際重視，是最高級別的警示。發燒、咳嗽、畏寒、失去嗅覺和味覺是常見的症狀。呼吸困難、呼吸急促、胸痛是這種病毒可辨識的較嚴重徵兆。

一月底，義大利成為重災區。政府的軍隊被派往北部，執行全國的封城。義大利總理朱塞佩．孔蒂（Giuseppe Conte）形容這情況是第二次世界大戰以來最嚴峻的。這是令人對未來不安的訊號。接著，政府陸續發布了關門令——在歐洲地區、美國，還有全世界。

隨著新冠病毒散布全球，安全地活下來成為每個人最重要的事。在不同的地方，「生存」導致一場瘋狂囤積衛生紙和其他物資的潮流。「這告訴你人類心裡在想什麼。」桑說。

完全的混亂狀態。

到了二〇二〇年五月中，肯亞已經累積超過一千個新冠病毒個案。封城令發布後幾個星期，在甘耶達總統的指示下，運動部長從「運動、藝術與社會發展基金」撥出一億先令（大約八十二萬美元），支持運動員面對這場流行病的嚴峻影響，例如因比賽機會完全消失所導致的可能收入損失。

在肯亞，尤其是在裂谷，這裡有很多跑者，但只有少數比賽有獎金。「這把情況往前推回幾百年前達爾文所認為的，」桑曾經對一位拍片者這樣說：「適者生存」。

親眼目睹在肯亞參賽和在歐洲或美國參賽的差異，是很震撼的。桑說，在肯亞，幾百位跑步菁英一同現身是很尋常的，而在其他地方，菁英跑者的比例低很多。在肯亞，人們不太因為休閒或娛樂而跑。「他們加入這種運動，是為了討生活。」他說，這是一股驅力：為了打擊貧窮。

基普喬蓋曾告訴肯亞的獨立報紙《國家日報》（*The Daily Nation*），肯亞有高達八十％的運動員仰賴國際賽事。他指出，在新冠肺炎大流行期間，超過兩千名肯亞活躍中的運動員需要援助。退休運動員也是。肯亞國家奧委會已針對前運動員，例如帕運的一千五百公尺金牌得主亞伯拉罕．塔貝（Abraham Tarbei），幫助他們從援助中受益。

運動部長指派基普喬蓋為食物紓困計畫大使。二〇二〇年五月的一個星期五，基普喬蓋穿著一件紅色耐吉上衣、黑色長褲，戴著KN95口罩，拉著一個由肯亞印度教協會（Hindu Council of Kenya）捐贈，裝有麵粉、玉米粉和食用油的補給品紙箱。他幫忙分送這些補給品給將近七十名運動員，在半天裡走訪三個郡，用他的五十鈴D-Max載送這些物資。基普喬蓋也和埃爾多雷特穀物有限公司（Eldoret Grains Limited）合作，供應紓困食物。

這裡發送十幾個運動員，那裡五十幾位運動員，另外二十幾位，然後又幾十位。食物之外還有毛衣、毯子、太陽能發電組、衛生棉。一星期，兩星期，三星期；四月，五月，六月；接下來還有。在凱里喬郡（Kericho）、卡普薩貝特、埃爾多雷特、伊騰。

而「在發送食物的過程中，有人倒下來了。」桑記得有一次和基普喬蓋到伊騰發放紓困物資，這是流行病初期，他們一起前往的三次中的一次。「這是我想要描述情況的背景，真實的情況，」桑說。

「有一位印度運動員沒食物了，這在隔天報紙成了大新聞。他們拍到他從基普喬蓋手上接過食物的照片。接下來，國內的印度社群，我想他們開始驚慌了。很多人打電話想捐贈物資給（基普喬蓋）基金會，這是很獨特的現象。」

「一切都會好起來的。」住在伊騰的班．基拉蓋特（Ben Kiplagat）記得他在當地小學收到分送的一箱物資時，聽見基普喬蓋告訴其他和他一樣的跑者。

「我們在同一條船上。」基普喬蓋說。

當全世界努力控制疫情，所有事情仍處於不確定狀態，尤其是運動賽事的日期。二〇二〇年夏天原本是全球觀看東京奧運的時刻。開幕式原本訂於七月二十四日舉行。終於，在等待了四年之後，來自兩百個國家，三十三種不同運動項目的菁英中的菁英，將以團結、友誼和公平競爭的精神，在奧運中同場競技。

基普喬蓋將能保住他的馬拉松冠軍嗎？基皮耶貢將再次呈現她在一千五百公尺賽中的金牌表現嗎？卡姆沃羅能順利進入肯亞奧運代表隊，勇奪一萬公尺的獎牌嗎？

然而，二〇二〇年三月二十四日，日本首相安倍晉三與國際奧會主席湯瑪斯．巴哈（Thomas Bach）決定將這場夏季奧運延後一年。甚至有人擔心這場賽事會不會整個取消。史上只有三次（一九一六、一九四〇和一九四四年）奧運被取消，而且全都是因為戰爭，這次特別的情況是前所未見的。

雖然世界被迫按下暫停鍵，菁英運動員必須想辦法在不確定中持續練習。

××××××

二〇二〇年六月，手術後四天，卡姆沃羅出院了。他被限居在埃爾多雷特的家中，由他的太太照顧剛出生的三胞胎。在接下來兩個月，卡姆沃羅腋下的拐杖成為他身體的延伸，在他蜇居家裡期間，至少讓他能在家裡一拐一拐地走。儘管他沒辦法正常走路，他仍然給自己一個選擇：讓我接受眼前的情況。

卡姆沃羅不允許自己有任何一秒認為他不會恢復到原本的體態。桑和外科醫師打來鼓勵的電話，支持了他的想法。「一切都會變好的，你恢復時會更強壯。」訓練的夥伴向他保證。

一個半月後，卡姆沃羅可以小心翼翼地測試他的體能，他躺在地板上，做些腹部運動。這位三度世界半馬冠軍，一度是長距離世界紀錄保持人，現在躺在地板上，從零開始。

這是那位用他修長、有著結實肌肉的雙腳，於二〇一七年和二〇一九年兩度最先衝過紐約馬拉松終點線的同一個人，這在全世界競爭最激烈的馬拉松中是罕見的成績。

這是在二〇一六年里約奧運參加一萬公尺賽拿到第十一名的同一個人；這是決心要取得東京奧運參賽資格的同一個人；這是亟欲證明自己能上台領獎的同一個人。他還沒拿過奧運獎牌，「我一定要拿到。」他說。

卡姆沃羅的團隊，包括桑、一位物理治療師、他在全球運動傳播的經紀人和一位自行車專家，一起照管他艱難的康復之路。部分的復健團隊成員希望卡姆沃羅能在戶外騎自行車。「你得向他們解釋，讓他們知道情況。他們有的人不知道這裡的情形是怎樣。」桑說。

肯亞一般的自行車被稱為「黑曼巴」（Black Mamba），很重、很陽春，沒有變速，主要是用來運送牛奶或食物。肯亞的自行車基礎建設大多還在進行中，與現代歐洲城市或美國的情況無法相比。在肯亞是沒有自行車道的。沒鋪柏油的馬路布滿泥土和石礫，比起公路車，登山車在這裡適合許多。而且，當你住在裂谷海拔至少兩千三百公尺的地方，陡坡是無法避免的。

二〇〇七年之前，肯亞幾乎沒有自行車文化。但那一年，一位新加坡企業家尼可拉斯．梁（Nicholas Leong）成立了「肯亞自行車手」（Kenyan Riders）。他想要建立肯亞的第一支專業自行車隊——希望培養他們上世界舞台參賽。（環法賽已在計畫中，這個宏偉的目標需要大量的投資，包括金錢方面和基礎建設的改善。）這個團隊的基地先是在伊騰，後來移到卡普塔加特，剛開始招募十六個人當自行車手——當中包括一位腳踏車伕和一位汽修技師。起初，他們就用當地購買的便宜登山車來訓練。

跨上一台公路車實在不是一件容易的事。首先，公路車仍然少之又少——不是在肯亞容易買到的東西，不論是從金錢上或數量上來看。大體而言，公路車仍限於少數專業車手，而且是他們特別從國外進口來的。

其次是安全因素。任何一位當地人都會承認，汽車和摩托車駕駛可能開快車而且不注意周圍狀況，就像卡姆沃羅的情況驗證的。還有他們所說的「牛規」。一群牛擋在路上是很常見的，牠們的移動很緩慢，迫使駕駛得停下來。綿羊和山羊也是。這類的經驗使得即使是肯亞當地專業的自行車手，都要仔細考量。肯亞自行車手車隊（後來更名為「肯亞自行車手—薩法利通通信」，Kenyan Riders-Safaricom）的一位成員約翰．卡里烏基（John Kariuki）勸告說：眼觀四面，耳聽八方。

當卡姆沃羅的復健團隊較了解實際情況後，他們改成在卡姆沃羅家裡放一台進口固定式自行車。一開始，他被建議騎低檔。物理治療馬克．洛伊格（Marc Roig）是NN跑步團隊（NN running Team）的後勤之一，住在埃爾多雷特，他負責提供卡姆沃羅技術上的建議。對卡姆沃羅而言，踩踏腳踏車的慢動作既陌生又費力，這是他第一次騎腳踏車。

專心在踩踏的節奏上，卡姆沃羅心裡不斷想著。

幾天後，卡姆沃羅的肌肉適應了新的節奏，他漸漸習慣坐在小小的空房間裡，一邊聽福音音樂，一邊單調枯燥的踩著腳踏車踏板。「你想像一下一直坐著，」他說：「只是踩兩小時，半小時。」哪裡都沒有去。

桑會定時詢問卡姆沃羅的進展，和他在電話上聊天，當情況允許，便去他家中拜訪。他們兩人都住在埃爾多雷特，相距三公里。只要桑看一眼，「他就可以把你從頭到腳看透透。」卡姆沃羅說。你是不是覺得沮喪，你是不是覺得有挑戰，「教練」，如他的運動員直接稱呼他的，有難以言說的直覺。

在他看來，卡姆沃羅並沒有負面地屈服於那場意外造成的影響。這個傢伙很開心，桑記得他拜訪卡姆沃羅家時，心裡還這麼想。「我四處看看，和他的太太說話。我想試探他在這種情況待在家裡，是否感到舒服自在。」情況包括和新生的三胞胎與另外兩個孩子一起待在家裡。「你可以看見這位妻子很堅強。她是一位高中老師。這有很大的幫助。想像卡姆沃羅的妻子是另一個人，情況會怎樣？這位女士展現出來的是一個能控管情況的人，她能處理每件事，這有很正面的影響。」

桑說，心理韌性是天生，也是後天訓練的。「極度的恐懼會表現在你後來的為人處事。」雖然卡姆沃羅當時不能跑，至少他能走路。雖然那很困難，至少他能移動，有進步就是進步。

但這對曾經是最頂尖的職業運動員來說，是一個緩慢、艱難的經驗，需要高度密集的專注，才能回到這項運動的頂層。但這是卡姆沃羅，天生具有決心與動力。

肯亞早在二〇二〇年六月已公布奧運馬拉松代表隊伍的名單。然而，田徑隊的名單要到二〇二一年六月才會決定，肯亞這時候才會舉辦奧運選拔賽。這場比賽的水準總是非常高，因此肯亞的選拔賽對運動員來說，是一場比真正奧運更競爭的比賽。

「我們祈禱他能順利進軍奧運。」桑說。

——根

「我不喜歡去醫院看親友。我不喜歡。我甚至不……」桑停下來，清一清喉嚨。他承認：「我盡量遠離容易激起情緒的事，我會太激動，我會刻意遠離使我帶自己到那種情境的事。」

他繼續說：「我讀過一點關於安樂死的訊息，我嘗試了解這件事。以前我還年輕時，我認為人們竟然會去考慮它，實在太愚蠢了。但是當你看到有人受著苦，你才會明白為什麼有些人支持這種想法。」

桑的母親於二〇二〇年的秋末過世，當時他隨侍在側。桑的母親於一九八六年被診斷出糖尿病後，就一直有健康上的問題。「我看她受了很長一段時間的苦。她的離開讓我很難過，但同時，也會覺得這對她是一種解脫。我沒看過有人比這位女士受過更多的苦。」

桑說，巴塞隆納奧運後，有人請他去德州大學奧斯汀分校擔任助理教練。他婉拒了這個機會。「我的母親，」他開始說：「她病了很久，我只想留在她身邊。」

「當你長大成人，你會學到一些人生的道理。你會把某些人放在重要的位置。我從小就看著母親為生活吃了很多的苦。後來她生病了，你現在有能力支持她……你就這樣為了錢搭飛機走人？我覺得我這樣是不對的。」

至於那位身為桑的父親的男人，他所知道的僅限於他十歲前的記憶。他所知道的是：他的父親是一位小學老師，一九六九年時去世；死亡證明上記註的死因是肝硬化。「這種病通常與酒精有關。」他說。

「我想，他的人生可能相當不順遂。我不知道。我從來不想去問任何人。我只知道他是個好人，而且是一位非常受敬重的人。」

桑的父母在巴林戈（Baringo）這個地方相識，也就是他母親的家鄉。「我的母親結婚時可能是父親的第二個妻子。」他說。

多配偶制一直是肯亞傳統社區裡的文化習俗，甘耶達總統在二〇一四年時將它合法化，過程中沒有什麼爭議。「我年輕時，幾乎每個家庭的男人都有兩個妻子。」那很正常，桑補充說。

「我猜想他一定是和第一個太太有些問題，這使他開始酗酒。但他是個非常好的老師。後來，學校想解僱他，把他轉到巴林戈教書。我想那應該是一九五〇年代後期。而且我想他就是在那裡認識我的母親，但是他沾染酒精的傷害已經造成了。」桑說。

「酗酒、藥品濫用，這些是失去希望和對自己不確定的人的指標。有些人當他們人生不順遂時，就放棄了。當你真正認識你自己，你知道人生是怎麼一回事，要度過那些難關會比較容易。」

桑的教練精神，自然是他人生經驗的結晶——在跑步之外，也在跑步之內。桑把形塑他的規範、道德標準和性格方面的功勞，歸功於兩位女士。「我的母親和外婆，她們傳承給我重要的價值。」桑說。當他回想起母親那一方的教養，說到他的外婆時，他的聲音有一種特別的語調。

她有一種能給出明智建議的自然語言，和一顆直覺的心——當年輕的桑快要出現在她門口時，她就能從大老遠感知的那種直覺。桑說她能「在她的血液中感覺到它」，桑這麼描述這位對他很有影響力的女士，他說她活了一百多歲。

「我從她身上學到很多，」桑說起他的外婆：「她總是告訴我許多如何與人相處的事，我很感謝她。」

桑繼續把焦點放在內心。「我看看我自己。我滿意我現在的樣子嗎？若我是滿意的，那麼，我確定不論我出生時遺傳到什麼，我的人生旅途都是沒問題的，」他說。就像世界上的好人一樣沒問題，「我總是試著保持快樂，但快樂不關乎我擁有什麼。而是當我活在這個世界上時，我覺得怎麼樣。」

與桑深談一次，就可以發現他誠實的為人處世方式。他嘴裡說出的話，像是繪畫的筆觸，也透露出他成長過程中學習到的敏銳。「誠實」和「信任」經常出現在他的對話中，有如永恆的字彙。

訓練營中的每一位運動員也會照本宣科：「永遠要誠實——對你自己誠實，對其他人誠實，對你的家人誠實，對你的身體誠實。」卡姆沃羅說，這些是他從桑那裡學來的字句。

桑對於存在的指導，還有另一個層次。

「這是一個艱難的世界，」他說：「我們的挑戰是要有更多的光明，勝過黑暗。」

「Tenda wema nenda zako,」桑用斯瓦希里話說。

做正確的事，走自己的路。

×××××

高地對肺部很好，但也對肺部很傷。有一座泥土丘通往卡普塔加特森林。桑說：「那座山丘，會從你的大腦打出很多的氧。」他笑著說。這是真的，高海拔能輕易偷走你的呼吸。但跑者通常面無表情，即使有也看不出來，稀薄的空氣正在和他們的肺部纏鬥。若一個人是健康的，高海拔的訓練已經夠艱辛——當一個人不夠健康時，高海拔訓練便難以想像地艱難。

所以，想像你在高海拔三個月都沒動，之後經過數個星期的復健，現在必須重建你的耐力。對卡姆沃羅而言，沒有別的選擇。

由於新冠肺炎大流行，將夏季奧運推遲了一年，正好賜予卡姆沃羅多餘的時間。若奧運依原訂時間於二〇二〇年七月舉行，他就完全沒機會了。但現在，要參加東京奧運還有一線生機——只要他能回復到過去的體能。之後，只要他能在二〇二一年通過這個國家最競爭的選拔賽，他就能進入肯亞的奧運代表隊。之後，只要他能在奧運之前的幾星期維持健康。只有到那個時候，他才能有機會站上一萬公尺賽的起跑線，這是奧運的第一項田徑賽事。這場二十五圈的比賽將在二〇二一年七月三十日舉行。

到達那裡的過程，是一個保持在當下與專注的微妙藝術。兩個月前，卡姆沃羅才剛能站起身。他能開始跑步，或者應該說，重新學習如何跑步。他的身體只允許他緩慢地移動，而且只能維持十分鐘，之後走一分鐘；他以這樣的模式慢慢增加練習量。

他的肌肉持續增強，到了二〇二〇年十二月，卡姆沃羅終於能跑了。算是跑吧。他開始時每次跑十公里，以他的標準來看，這是「短距離」。十公里還算不上是他過去常跑的距離，他有時會大步、輕鬆地跑上四十公里——這是如詩般的跑步節奏。

桑刻意想要卡姆沃羅說出他的經驗，「鼓勵其他人：當你覺得自己很慘的時候，你其實沒那麼慘。」他說。那是他想要畫出來的畫，一個一石二鳥的企圖。其一是，給人們希望。其二是，明白受傷是正常的。「療癒的最佳方法之一是分享。」桑說。

這時跑步並非真的毫不費力，它感覺起來很費勁，卡姆沃羅能感覺到一陣陣痛楚阻礙他的腳。他感覺他的肌肉收縮變緊了，醫生告訴他這是正常的。他太久沒跑步，太久了。他的腳正努力適應。他正努力適應。

這是十二個月前在紐約市全世界最大的大型馬拉松拿到冠軍的同一人。這是在中央公園如入無人之境，達陣得分，衝過終點線的同一人。他輕巧的雙腿以有力且順暢的節奏運動，他兩邊的肺從海拔兩千四百公尺鍛鍊出巨大耐力所攜帶的空氣，他的心所懷抱的希望。

當卡姆沃羅一天跑十公里，一天休息時，他的心懷抱著希望。很酸而且很痛。儘管如此，不沮喪。絕不。他經常鼓勵自己，每次進步一點點。距離肯亞的奧運選拔賽還有六個月，還有進步的空間。但他可以把他的耐力、速度和實力提升到怎樣的水平？

××××××

二〇二一年一月。新年的開始，總是振作、掌控、設定目標、檢視未來展望的時刻。你要怎麼讓自己進步？你每天可以做什麼，讓自己達到你想要的目標？卡姆沃羅的心中有明確的方向：保有耐心、堅持到底、懷抱希望。「抓住更高的樹枝」是基普喬蓋和他都會用的一種比喻，往前進。

他確實往前進了。這個新年願望要和去年不同：「不同」可以有開放性的解釋。卡姆沃羅的訓練持續進步。一開始，移動身體的動作似乎會加劇他腿上的疼痛，但他仍然去跑。更遠一點——二十公里，然後是二十五公里。

有一天，卡姆沃羅出門，那天該跑十公里。這隻腳感覺還不錯，他心想。所以他繼續跑。又跑了一公里。再一公里。再一公里！再兩公里！再五公里！當他帶著他的身體跑了二十公里，汗如雨下，從他的臉頰滴落，他贏回了他的耐力。那隻腳感覺沒問題，不會痛。

所以，他繼續跑。「今天，我一定要跑三十公里，」他心想著。一定要。

卡姆沃羅繼續。多跑一公里，又一公里。一公里變成兩公里、變成五公里、變成再五公里。他帶著他的身體跑了三十公里，他的腳感覺還很正常。

他—剛—做—了—什—麼？

卡姆沃羅與卡姆沃羅的對決，而且卡姆沃羅脫穎而出，成為更好版本的自己，快樂。

他與訓練營的每個人分享這個消息，包括桑，還有他的醫生。分享的快樂。

「這似乎是個新的開始。」卡姆沃羅大聲說出這幾個字。

隔天，他從床上起來。他的腿仍有微顫的疼痛，像一陣強烈的打擊樂節奏，他的肌肉仍在調整與適應，接受這種情況。

距離肯亞的奧運選拔賽還有五個月。

××××××

國際奧會主席湯瑪斯巴赫（Thomas Bach）已於二〇二一年一月二十一日發布聲明，不會有B計畫。夏季奧運將如期舉行，但會在高度規範的規則下舉辦，包括抵達日本前後針對新冠肺炎的篩檢，還有頻繁的現場篩檢。

接下來的那個月，通往訓練營的藍色大門敞開了，迎接它的住民。回到自己第二個家的感覺是很珍貴的，就像是與一個揀選的家庭成員再次團圓。訓練營的成員維克多．楚莫（Victor Chumo）說，這是鬆口氣的信號。在全世界仍處於混亂和不確定的情況下，這似乎是一個片斷的正常狀態。疫情在每個人身上造成了心理傷害，這些運動員也包括在內。當他們在闊別十個月後回到訓練營，團隊的價值格外鮮明。

「回來真好，」基普喬蓋說：「回來重新訓練、過正常生活真好。這是我們的正常生活，我們正在做的事。」

回到宿舍風格的房間，每個人都有一位室友。回到餐桌上一起吃烏咖哩、燉寬葉羽衣甘藍，一疊溫熱、脆脆的印度餅、用新鮮牛奶泡的濃甜奶茶，面對面交談，而不是透過 WhatsApp 簡訊或視訊。回到訓練活動，未來的世界冠軍與奧運冠軍的細長身影，跑在某些目前的世界冠軍與奧運冠軍的身邊。

然而，回到訓練營意味凡事要小心，遵循疫情期間指示的新規範。雖然桑允許他的運動員一起訓練，「我們是在一個防疫泡泡裡，與外界互動降到最低。」由於一些運動員正為奧運準備，他們承擔不起任何風險。

卡姆沃羅持續遵照訓練計畫，他能夠達標。雖然他的腿還有一點痛，至少他透過訓練計畫，仍持續進步。到了二月中，腿部的疼痛退去了，距離肯亞奧運選拔賽還有四個月，距離東京的男子一萬公尺賽起跑還有五個半月。

完整的圓

二〇二一年三月接近午夜的時候，卡達航空編號 QR 一三四一的班機降落在奈洛比的喬莫甘耶達國際機場（Jomo Kenyatta International）。有重要的貨櫃抵達。一百萬劑的 Covid-19 疫苗，透過 COVAX 平台運送到肯亞，這是全世界公平取得疫苗的行動之一。

三天後，一個周五，桑在埃爾多雷特跑了一個小時。「只是慢跑，」他笑著說：「到我這個年齡，你必須慢一點。」他並不懷念當一位比賽選手的日子。沒那麼想。他說的。上一次在場上參賽已經是好久以前的事，那是一九九八年八月十二日，田徑聯賽蘇黎世站（Weltklasse Zürich），是鑽石聯賽的其中一站。*桑為他大學時代的教練布雷克伍德打點好從德州開始的所有行程。

當布雷克伍德飛抵瑞士，桑沒有告訴他這場賽事是他的最後一場比賽。他打算退休了。他只告訴布雷克伍德：「教練，我想要你來看比賽，順便在蘇黎世待上幾天，我會付好全部的費用。」

「他花了一大筆錢，」布雷克伍德還記得，一張商務艙機票、一間豪華飯店的房間、搭賓士車出入。「這整個，」他笑著說：「是個超棒，超棒的旅行。我們很要好，這無庸置疑。」

桑繼續說：「這傢伙很開心。我跑八分八秒，最快的成績之一，得到第二名。」布雷克伍德高興極了，桑想到這件事，臉上還堆滿笑容。布雷克伍德像瘋子一樣，從看台一路跑到田徑場中間，安全警衛追著他。「不！那是我的孩子！那是我的孩子！」布雷克伍德大喊，就像一位父親為兒子感到無比驕傲。

「我告訴他，這是一場由你開啟的旅程，」桑的雙眼開始泛淚：「這是我唯一能為他做的事。」

……

＊　譯註：鑽石聯賽成立於二〇一〇年，取代了一九九八年發起的國際田聯黃金聯賽。

……

這個圓完整了。這是兩個為彼此投注心力的人，他們對彼此有信心，他們相信這段旅程。

桑這段旅程的起點，是一位傑出的國際大學運動員在一九八七年的非洲運動會（被稱為是「非洲奧運」）奪得金牌。他曾兩度在世界錦標賽拿到銀牌（一九九一年在日本東京，一九九三年在德國斯圖加特）。之後，他曾參加兩次夏季奧運——包括一九九二年為肯亞首次拿下障礙賽的獎牌。

這段旅程帶著桑到全世界比賽，不僅是障礙賽，也包括各種距離的賽事，從內布拉斯加的十英里（約十六公里）路跑，到瑞典與瑞士的五千公尺賽（退休後，桑轉到跑半馬，最後是在歐洲各地跑馬拉松）。

這段旅程一次次地考驗他的勇氣與韌性。而他也一次次地證明，他總是可以達標。

這是這一章結束的地方，這一章呈現的是站上起跑線、兩眼專注直視、耳朵過濾群眾雜音的這些感覺；之後，他不再是一位職業運動員。運動的本質是，每位運動員的運動生命會結束，他必須轉向。桑的調頭，是把他帶回起跑線，然而是成為一位教練。而他也謹記布雷克伍德的忠告：「我告訴他要傾聽你的運動員，這樣他就會聽你的，」布雷克伍德記得傳授給桑這句話：「你必須要傾聽他說的話。你不能只跟他說：『我們就是要這樣做。』這至關重要。」

問布雷克伍德發覺桑有什麼特質，讓他認為他會是一位好教練？「堅韌。他非常堅韌，心理非常堅韌。」布雷克伍德說。

雖然已經高齡八十，布雷克伍得對於那些「讓我來告訴你」的故事，仍記憶猶新，他記得看著桑在大學時期如何培養成為一位運動員，和一個大人。有一次，一九八六年時的賓州接力賽（Penn Relays），這是美國歷史最悠久、最大型的田徑賽，桑贏得了障礙賽的冠軍（成績是八分三十一秒，但在賓州接力賽史上仍只排名第三）。這項比賽的傳統是，冠軍選手會獲得一只金手錶。

許多年前，布雷克伍德還是亞伯林基督教大學（Abilene Christian University）的大學運動員時，也曾參加過賓州接力賽的長距離混合接力賽，他得到第二名，沒有手錶。*

* 原註：第二名會拿到一面銀牌；第三名是一面銅牌。後兩者拿到的是傳統的獎牌。

桑跑到看台上找布雷克伍德。「教練！你從來沒贏過這個，拿去。」他說，一邊把一個小盒子拋給布雷克伍德。

「他很好教。毫無疑問，」布雷克伍德說：「他會聽。我也會聽他說的。對我而言，當教練重要的事，就是聽你的運動員說話，知道他們在想什麼，他們在做什麼。對他們重要的是什麼，什麼對他們是好的。」

相較於他的運動員，跑步對桑如今有不同的功能。「我相信神，」桑不只一次這樣說：「我認為我最好的時光，是當我跑步時，與神交流。」

跑步也是他用來緩解壓力的事之一。他沉著的外表看不出他經歷很多的壓力。但是的，即使是桑，有時仍可以感覺到壓力——不是個人的事，他澄清說：「而是責任，是作為一個應該要有責任的人的壓力。」

「我認為，壓力有時候是健康的。它會給你一個推力。」他說。

跑步之外，他指出，閱讀和休息也是有助他處理任何他感受到的壓力的方法。「我其實不喜歡壓力，我是個務實的人。如果某件複雜的事沒有答案，就把它擱著。我為什麼要為它絞盡腦汁？」桑說。

說到跑步時，他用「很療癒」（therapeutic）這個詞。「每當我跑步時，我總是一邊禱告，我總是懺悔，我修正我自己。我做錯的任何事，我得到對的答案。我發現自己感到抱歉。」他說。桑沒有指名任何特定的事，只說跑步給他一個空間，「得到各種解答」。

他跑的距離不重要，「其實我沒有計算我跑多遠，我通常出門四十到七十分鐘，」桑說：「自己舒服的時間就好。」他自己一個人跑，而且一星期至少三次，從來沒有固定時間，而比較是有空的時候。「有時候我在奇怪的時間跑步，」他說：「我沒有規律的計畫。我之前通常在大清早跑，但我現在的身體不想跟著那樣的例行作息。」

在這次跑完一小時後，他談到肯亞的新冠肺炎情況。「我們的感染率忽高忽低的，」他說：「有時候降下來了；現在我看它又高起來。」

二〇二一年三月五日，疫苗抵達肯亞三天後，他們開始分送與注射疫苗。當時，東京奧運的主辦單位並未規定參加奧運者必須注射疫苗。

「我希望這是強制性的，」桑說，「前進奧運，首先，我們沒那麼確定奧運會如期舉行。我們計畫的方向是，它會如期舉行。這樣我們比較容易計畫和訓練，你有一個目標，這樣可以循序規劃，讓運動員到那個時候達至巔峰狀態。眼前，除非他們開始說『可能不會』，大家才會開始困惑。但此時此刻，我們全神貫注。」他說。

賭注

他喜愛跑步。那感覺很自然，他的雙腳以每個步伐向地面打招呼的方式，彷彿是與大地交朋友。他的步伐大，而且點踏的節奏完美，極為優雅，像是某種形式的藝術。他喜歡在戶外，與外面世外桃源般的生命節奏一起活動，讓新鮮的空氣充滿他的肺，製造出一種內在的管絃樂隊在他的胸部搏動。當他跑步的時候，宛如是某種釋放，一種無法形容，而且上癮的感覺。跑步不能定義他的全部，但若沒有這種帶來自由感的純粹刺激，生命便好似失去了平衡。若沒有這種純粹的刺激來考驗他的意志力，生命也好似失去平衡。

當你年輕的時候，跑步只是一種快樂，與賭注和壓力無關。你對「運動到底是什麼？」一無所知，但就像斯瓦希里語中說的「pole pole」，意思是慢慢地，你把整件事弄懂了。什麼樣的距離適合你？你的極限在哪裡？你能突破它嗎？若你可以，或當你可以突破它，結果會是什麼？發現你的天分？發現你的野心？

「上帝，」桑說：「祂不會免費賦予你天分，當中是有目的的。你使用天分的方式，將決定發生在你身上的事。」

你的意志力有多少？你的投入度有多少？你的專注度有多少？

當你從青少年成熟，變成大人，對於少數有前景的年輕跑者來說，你仍然一邊跑，一邊思考，例如，那個極限可以延展到多遠？你是否能持續突破那個極限，進階到這項運動中更上一層的等級？你是否能成為這項運動下一個稱王（或后）的人？你是否能成為下一個基普喬蓋？

你運用天分的結果，會導致一個高度的賭注。修正：很多個高度的賭注，複數。你會成為一個重要的明星嗎？你是否具有個人的投入度、心理韌性和體能天賦來做這件事？你必須想清楚你能投入這項高水準的生理與心理表現，到多好的程度？能投入多久？

在特別的菁英跑者俱樂部中的跑者人生，本身就是一場比賽——與時間的比賽。也就是，你人生中一個短暫的時期，能讓你有機會「成功」，在時鐘上寫下一個數字來反應你的地位，在跑步的名人當中占有一席之地，並且成為一個人們記得的人物。而若你成為一個人們記得的人物，你也會成為一個人們尊敬的人物嗎——不是因為你是一位運動員，而是身為一個人？

卡姆沃羅正在撰寫他人生中這篇具有影響力的一章。

三月中，卡姆沃羅得了流感，「很嚴重」，他說到它的嚴重程度。「那是一種令人恐慌的情況，」桑說：「那次感冒的情況很糟。」卡姆沃羅幾乎得退出比賽。他病到得進醫院，醫生告訴他，他受到感染。感染，這是準備搭機去土耳其參加伊斯坦堡半馬的前三天！這是他自二〇一九年十一月贏得紐約馬拉松以來的首場國際賽。

而這時是一個更強版本的卡姆沃羅。在意外發生之前、手術之前、縫合之前、拄拐杖之前。那個版本的卡姆沃羅知道如何拿冠軍。這個版本的卡姆沃羅已經重新設定，因此得向自己證明關於他自己的一些事。而實際上，不論他是不是想去，他也正向世界證明一件事——一個人可以撞壞，但不會燃燒殆盡。相反地，一個人可以重新站起來，繼續爭奪冠軍。卡姆沃羅心中充滿希望，至少是如此。

在他前往土耳其之前，他催促他的身體恢復健康。這個身體已經一直催促自己恢復。已經好幾個月了，拄拐杖的日子。坐在固定式自行車踩踏兩個半小時，哪裡都沒有去，但到達了某個目標。小心翼翼的腳步，接著謹慎的小跑，對他的雙腳，和對他的心志一樣挑戰，跑一公里，再跑一公里，再一公里。

堅韌的化身，或者可以定義成「尤其在極度壓力事件導致身體扭曲變形後，惡化的身體恢復其正常大小與身形的能力。」這是新的傑佛瑞・卡姆沃羅的定義嗎？

伊斯坦堡半馬是他回到意外前的卡姆沃羅的部分計畫。這個人曾經體驗過終點線衝線布拂過胸口的微妙感覺。這個人因為結合了耐力與速度，在二〇一九年九月於哥本哈根跑出五十八分一秒的半馬成績，而受到尊敬，這裡也是他五年前第一次贏得世界賽冠軍的同一個地點。

他已經全副武裝要去參賽了。「我必須去。我必須做這件事。」這是一個自己給自己的命令。他喝了一杯摻了抗生素和止痛藥的雞尾酒，試著減少流感症狀和激活疼痛的肌肉。生理上，他是疲累的。但心理上，他告訴自己他很強壯。

所以，他搭上了飛機，不理會這些疼痛。或者，暫時稍不理會它們。當他在伊斯坦堡半馬前幾天抵達土耳其，他仍然覺得累，肌肉還很虛弱。但他已經在那裡了。所以，他必須做這件事。

卡姆沃羅為這一刻準備很久了，要測試他的極限在哪裡、他是否能突破它，尤其他已經超過一年沒有參加國際競賽，又經過數個月從破壞性的意外中復健。

不管他在比賽當天起床時，他的肌肉還很酸。「我一定要得到一個好成績。」這是賽前縈繞在他心頭的一句話，尤其是他的名字已經被媒體廣為宣傳。大家的目光都落在他身上。

在伊斯坦堡，眾人的焦點還在另一位肯亞選手基比瓦特．坎迪（Kibiwott Kandie）身上，他在幾個月前，也就是二〇二〇年十二月，打破了卡姆沃羅的半馬世界紀錄。如媒體報導的，最新的世界紀錄保持人與前一位世界紀錄保持人之爭。坎迪與卡姆沃羅一起在所有比賽選手的最前面。他的狀態真的很好，卡姆沃羅提到他參加這場半馬賽前的恢復情況。直到那場流感前，他都覺得很好。

他怎麼會在這裡？

他的地位問題。還有賭注。他會說，他必須跑出這場比賽的經驗。奧運的心情已經深植他心中了。「我知道這是我在參加奧運之前，最後一場路跑賽。我必須現身。」

在他參加奧運之前。

他還沒有進入肯亞奧運代表隊，但他的心似乎已經決定了。彷彿他已經想清楚了——在他內心某處。

所以二〇二一年四月四日星期天，他在起跑線上站穩了。而且他開始跑了。或者說，開始競賽了。更好的是，看看他的成績，五十九分三十秒。第二名，只比冠軍少了三秒。

「我回來了！」這幾個字他不只在心裡默想，而且也大聲喊出來了。

這是你展現自己時，會出現的結果。日復一日，周復一周，月復一月；當你保持昂揚的精神。

幾個月前，他還不能走路。幾個月前，他特殊的速度、耐力和體能被迫休眠，他只能在復健期勤奮地專心讓一切慢慢回復。

「看到他復出真好，」桑說。

而現在，卡姆沃羅要想辦法到達奧運選拔賽的起跑點，最終抵達奧運一萬公尺決賽的起跑點。

計畫是如此。

「前面的情況是超乎我們掌控的，」桑說，這是他年輕時學到的一課：「盡力而為。沒有其他了。」

至少卡姆沃羅能掌握的，是保持對自己夢想的付出。每天他醒來時，這是他所選擇的。每一天。

——承蒙

「你在那裡看到的那輛車，」桑指著說：「基普喬蓋買的。那是二〇一九年的時候。」

它的外形是流線型，還發亮著，即使過了兩年，還有新車的味道。購車時，它是市場上最新款的賓士。這台豪華車是用一台卡車載到桑位於埃爾多雷特的家。里程數是零。

「我覺得他有一些特別的感受。」基普喬蓋說到他送給他一輩子的教練的這份驚喜禮物。

桑記得他問基普喬蓋為什麼送這份大禮。

「他說，因為我的緣故，他才能成為今天的他。所以，這份禮物不算什麼。」

當桑收到這份意外且奢華的禮物後，他請家裡的每個人打電話給基普喬蓋。

基普喬蓋回想起接起電話，聽到熟悉的聲音的當下，笑得很開懷。「桑已經年過五十了，」基普喬蓋說：「他值得放鬆，享受這台賓士。」基普喬蓋繼續說：「他有脖子和背的問題。」賓士車對這些毛病有幫助，他補充說。

雖然他想得更深，「我的想法真的只是想說謝謝，」基普喬蓋說到他在桑陪他打破兩小時馬拉松瓶頸紀錄後，送給他的禮物，說：「我認為他值得更多。」

「我的人生和別人不一樣，因為，」基普喬蓋停頓了一下：「我不知道父愛長什麼樣子。」他又停頓了一次。

「我只有母親照顧我，這沒有問題。桑引導我在人生方面、運動方面和事業方面更有智慧。該做的和不該做的，」基普喬蓋說：「他用引導他自己孩子的方式來引導我。」

基普喬蓋談到桑時，使用「人生教練」這樣的稱呼，不過他大多直接稱他的名字派翠克。「他就像是我的父親，他指引我方向，告訴我該做什麼，不該做什麼，在心中有正確的價值觀。」

他提到「誠實」。過一個誠實的人生。基普喬蓋大聲複述桑的忠告：「一個誠實的人生就是你只有一張臉，不是兩張。當我在家時，我是埃利烏德。當我在奈洛比，我是同一個人。當我在倫敦，我是同一個人。當我在加勒比海，我是同一個人。這意味你在每一個地方都需要是那同一張臉。過一個誠實的人生。」不論你在世界上的哪一個角落，不論你在世界上與誰在一起。

「我想要我生命中的其他人像那樣——像他們自己，他們真正的自己，沒有其他。你不能成為社會想要你成為的那樣。如果你想那麼做，你會迷失。」桑說。

桑在他自己還是運動員時發現，誠實是他得以茁壯成長的唯一方法，而他也將它擴大到他自己的教練工作上。就教練—運動員的關係來說，成功的教練，始於這位教練擁有運動員的信任。「你從某人身上得到的信任，是一種透過與某人內在心理的投入所得到的。」他說。

「一旦你擁有那份信任，那麼，你們就在同一條船上了。若那個人把完全的信任交託給你，若你推他一把，他絕不會問你為什麼推他一把。所以，這個過程的限制因素是什麼？是缺乏心理上的投入。但若你把信任託付給我，你將會經歷那個過程，」桑說：「這個傢伙知道我從哪裡來。而且他對我做了一些功課，了解我的背景對我的影響。這個過程會給你一個觀看的窗口，眼睛看見，你會內化。」

桑知道基普喬蓋的價值，直接與他們的連結相關。桑說，教練與教養可能有些相近，但不一樣。「在運動或任何體育專業的領域，你可以與教養連結的唯一價值，是你們是同在一起的。」他說。

就像父母必須對孩子表現關愛，教練也必須對運動員表現關愛。教練，像教養一樣，需要耐心與理解。「這些價值是一體適用的，」桑說：「但說到底，不同之處是，在體育領域，他必須知道他們要往哪裡前進。」

「身為父母，你處理身為父母面對孩子的事。當孩子還是孩子時，他們不知道他們要往哪裡去。所以，你像一把火炬一樣指引他們。在體育專業上，那個孩子，現在是運動員，應該知道他們要去哪裡。應該。而如果他們知道他們要去哪裡，他們應該知道他們所投入的事的本質。」桑說。

「在教養上，你真的會牽著孩子的手說：『這是我們要去的地方。』」他繼續說：「我總是告訴運動員，告訴我目的地，我會幫助你到達那裡。」

但桑的跑者們還是用「父親」這個字來形容他。「我非常尊敬他，因為他永遠為我們守候。他總是很準時，從來不會錯過任何一次訓練。事實上，他就像我們的父親，」卡姆沃羅說：「他總是確保我們受到照顧。他確保我們沒有不舒服的地方、確保我們接受妥善的訓練，我們從來沒有任何欠缺。」

桑收到基普喬蓋的贈車後，他和他的兒子開車四處逛逛。「幾個小時內，我就接到很多通電話，」桑說：「這些人只崇拜有地位的人和被認為是虛榮的物質。」他說，這對他的兒子上了一課。

「基普喬蓋沒有這種車，」桑說：「他開一輛皮卡貨車。」

一場馬拉松使命

NN使命馬拉松是一場僅邀請菁英參賽的頂尖對決，預計於二〇二一年四月十一日在德國漢堡舉行，在市區繞跑一個封閉式的環狀街道。

但世界在變。而且變得很快。

德國總理梅克爾宣布，該國的封城措施因為難纏的新冠疫情驟升，將被迫延長。當地的Covid-19限制緊縮，政府在比賽前兩星期採取斷然行動，使得主辦單位匆匆忙忙地將這場馬拉松轉移陣地，並且延後一個星期，改於四月十八日舉行。

這場馬拉松在十二天內重新安排在荷蘭恩斯赫德（Enschede）的特溫特機場（Twente Airport），這需要三個主辦單位——全球運動傳播、NN跑步團隊和漢堡馬拉松——極大的努力，以提供七十位大多來自歐洲和東非的受邀運動員一個珍稀的參賽機會。由於疫情爆發後，菁英選手能參賽的機會極少，這場賽事對某些參賽者來說，是想要獲得奧運資格的關鍵機會（雖然這也不會自動給予他們在其各別國家或地區代表隊的一個位置）。

全世界的目光都集中在基普喬蓋身上，他們總是如此，特別是此刻。六個月前在倫敦，他在七年內第一次沒有拿到冠軍，當時震驚了跑步界。在那次比賽中，基普喬蓋在三十八．六公里（全長四十二公里）時從領先群落後，後來一直無法追上，只得到第八名，而且比衣索比亞的冠軍選手舒拉．基塔塔慢了超過一分鐘。

站起來，要忘記它。

「逝者已矣，來者可追。」基普喬蓋相信此時此刻。而此刻他能掌握的，就是今天二〇二一年四月十八日的比賽，距離他日本奧運馬拉松的冠軍保衛戰還有四個月。

「有這場賽事真的很棒。大家同心一起跑真的很棒。向世界展現，即使在疫情當中，在全世界困難的時候，我們仍然可以跑步，這樣真的很棒，」賽事前兩天，基普喬蓋在一場線上記者會時這麼說：「我們正在朝向未來的一個新的過渡期。」他也在一個過渡期。

全世界好奇的人都想知道，基普喬蓋還能跑多好？

他在比賽前四天抵達，那是一個星期三，這是他第一次到恩斯赫德，但距離亨厄洛（Hengelo）不是太遠，他曾於二〇〇七年在那裡跑出一萬公尺個人最佳成績（二十六分四十九秒〇二），於二〇〇四年在那裡跑出一千五百公尺個人最佳成績（三分三十三秒二〇）。

基普喬蓋後來與肯亞訓練營的其他夥伴們會合，包括強納森・柯里爾、拉邦・柯里爾和奧古斯丁・喬格（Augustine Choge）——他們都會參賽，他們是由桑陪同前來。

「很不一樣，不一樣的心態，」桑說到他來到比賽場地支持他的運動員：「你多多少少會想到其他人，而當你自己參賽時，你只會想到你自己。」

身為教練的思維，使他一直處於警戒狀態。「我明天起床時，會不會聽到某個運動員的抱怨？」這是他諸多想法中的一個。

來到這裡本身就是大費周章的一件事，需要經過一道特定的程序，包括戳鼻子檢驗 Covid-19 的 PCR（聚合酶連鎖反應）。進出肯亞必須有陰性證明，參加 NN 使命馬拉松也是。這段旅程先是從埃爾多雷特飛一個小時的國內班機到奈洛比，然後飛八個半小時到阿姆斯特丹，再飛兩小時到恩斯赫德。這全是為了來跑四十二．一公里（二十六．二英里）。繞圈圈。

賽道是在飛機場上，這對選手很有利。平坦的路必然是快速的路。每位選手都會跟著五公里的環形跑道，大約跑八圈。

基普喬蓋的目標是兩小時五分三十秒。這相當於每英里（一．六公里）跑四分四十七秒。很少人能以這樣的步速跑完一英里。基普喬蓋必須持續這樣跑二十六次，加上額外的〇．二次（即三二一．八公尺，如果你要精確的數字。）

基普喬蓋和領先群——包括強納森．柯里爾和三位配速員——一同起跑了，飛快地以十四分五十四秒跑完前五公里，順利達標。當然，現在還早——要判定結果還太早。

一起訓練的夥伴現在變成競爭對手，基普喬蓋與柯里爾繼續並肩跑，他們是唯二要挑戰兩小時五分的選手，他們與場上其他選手已經拉開了一段長距離。天空陰陰的，悶悶的——典型的荷蘭天氣，雖然這時天空沒有下雨。他們兩人穿得一模一樣：緊身黑色短褲、白色工字圓領背心、白色的袖套。

他們又跑完了另一個五公里分段，時間是十四分二十一秒。基普喬蓋看起來跑得相當輕鬆，仍然跑在他的目標時間內。事實上，他已經開始超前了。

到十五公里時，他和柯里爾達成四十三分四十六秒的目標，幾乎是兩小時三分的步速。一位配速員中場離開比賽。基普喬蓋和柯里爾維持他們的步速。不是很多人能跑出這樣的時間，即使跑不久。但基普喬蓋和柯里爾維持這個步速，輕鬆而且自信。這是他們之所以是「真正的麥子」的原因。

看到馬拉松之王表現出過去的水準，全世界可以一起鬆一口氣了。對於在二〇二〇年十月倫敦馬拉松後，認為他跑步能力退步的人，這是多麼欣慰。但任何事還是可能發生。馬拉松就是這麼一回事：不可預測是預料中的事。人們常說，馬拉松的最後幾里路是最好看的，這時比賽才真的開始。這個時候的比賽狀態，是生命刺探一個人的心理韌性，就像刺探他的體能韌性。內心如何反擊，會對身體產生極大的影響。

基普喬蓋知道這種身心的平衡正運作中。「你輸掉即使（百分之）〇．〇一的那一刻，你就完了。」他說，你想要追上的那個時刻，會流失很多能量，「你得把能量從你的肌肉，搬移到你的大腦。然後，你想的時候會累，接著是身體上的累。身心在實際上能保持在賽道上是好的，只要專注當下。」基普喬蓋說。專注讓他能保留他的心理能量——馬拉松的重要因素。而心理能量是身體能量所需要的。「當你失掉一個，另一個就溜走了。」

基普喬蓋緊跟在一位配速員後面，柯里爾在他身邊。「還在！」一位評論員說，語氣中彷彿對柯里爾的表現似乎難以置信，他跑步的時候，手臂仍甩得很高。同時間，基普喬蓋似乎在配置他的速度耐力。多一點衝刺，但不要太用力，也不要太早。在馬拉松裡掌握身—心動態是一種藝術。

基普喬蓋與柯里爾的手臂擺動完全一致，在每個步伐中擺過他們的胸前。他們的雙腳完美地踩踏在地面上，彷彿他們的步伐一直被複製。它們一直同步，直到有東西讓步了。或者說，有人讓步了。

一步接著一步接著一步。基普喬蓋奮力地領先他的訓練夥伴與朋友一步。幾秒之內，基普喬蓋與柯里爾不再併肩跑。身心的配置得到了回報。

基普喬蓋持續超越柯里爾時，他的步伐依然是穩定的——而且比任何其他場上的參賽者都快。現在是配速員跟在基普喬蓋後面，而不是領著他跑。

忘記上次的失敗。被擊敗。被痛宰。被摘下王冠。這些都是基普喬蓋在倫敦輸掉比賽後，出現在媒體頭條上的嚴苛用語。「我用百分之百的力氣訓練，但出了一點問題，人生就是如此。」基普喬蓋談到那場比賽時說。如今在特溫特機場，這裡先前是一座軍用機場，如一位評論者說的，是「飛機來此結束它們的生命之處」*，基普喬蓋正在改寫這種說法。

基普喬蓋跑起來像是在滑行。沒錯，這還是要用力，但他讓它看起來毫不費力。他的白色運動背心貼著他的身體，輕輕地拍著他的臀部。他的腳跟從後面踢起來，顯示他的身體非常處於當下，帶著目的移動。

基普喬蓋在摩托車的前面如風一般往終點線前進。當他衝過終線，勝利地高舉雙手，桑手持著終點線綵帶的一邊，他的臉上還戴著白色的KN95口罩。成績是兩小時四分三十秒，比第二名的柯里爾快了兩分鐘，而柯里爾也在這場比賽中跑出他的個人最佳成績。

這是新的一頁。

基普喬蓋不相信失敗，他相信往前進。「如果你失敗了，不是意味你在懸崖上，你完了。就生命而言，這只是一個挑戰，」基普喬蓋說：「你第二天醒來，繼續前進。」

「即使是在美國的終極格鬥冠軍賽（UFC），有人去訓練營訓練好幾個月，而隔天他在十八秒內就被擊昏了。但他還是會起來，再去訓練營，繼續格鬥。」

失敗不是真的失敗；失敗是經歷一場挑戰。「只要醒來，嘗試找到方向，但不能只是接受失敗。」基普喬蓋說。

後來，他說出比賽大約進入二十四公里時發生的一場意外。「你知道發生什麼事嗎？」基普喬蓋問。他說，他那天肚子不太舒服，「實在太慘了。而且不能……它就出來了，而我得繼續跑。」基普喬蓋說。

他已經為這場比賽準備四個月了。他不打算讓他的努力白費。「接著，我要花五個月準備下一場比賽，」他說：「我全部的衣服都超髒的，但我繼續跑。我得趕緊去記者會，趕緊去飯店沖澡。全部都亂七八糟的，但我不去想，我不管了。」

只管前進。這是意念的強大力量，他說。

＊ 譯註：特溫特機場早自二〇〇八年後已無軍機或民航機起降，二〇一七年起，更成為存放與銷毀飛機的地方，故評論者有此一說。

h a b a   n a   h a b a   h u j a z a   k i b a b a

積沙成塔

little by little fills the pot

維持信念

大雨使訓練營乾燥的草地都吸飽了水，讓鬆軟的鏽紅色土壤濕軟了。當費絲·基皮耶貢把她編成細辮子的頭髮紮成馬尾，並為她一五七·五公分、四十五公斤的身材穿上栗色跑步緊身衣、螢光黃及膝襪、紫色夾克和一雙耐吉運動鞋時，氣溫還不到攝氏十二度。她踏上那條三八〇公尺長的泥土跑道，跑道上的白線已經不見了，只剩下邊緣還看得見一點褪色的白線。

基皮耶貢和兩名隊友以逆時針的方向慢跑，為訓練暖身。星期二早上是一星期裡最辛苦的訓練，現在是二〇二一年四月，訓練內容是兩千公尺兩趟、一千兩百公尺兩趟，接著六百公尺三趟。

不到十點，基皮耶貢脫下她熱身時穿的衣服，開始她第一回合的訓練。她按下手錶上的開始鍵，然後開始向前衝。

她粉紅泡泡糖色的短袖上衣和搭配的袖套，使她在跑道上三十位男性跑者中，特別醒目。修長的雙腿踩踏在地面上的聲音，劃破了卡普塔加特鄉村角落的寧靜。

「Mtarudia!」助理教練理查．米托（Richard Metto）說，意思是，妳重來一次。

米托長得人高馬大，雖然瘦，但他有籃球員那種居高臨下的身材。他很容易讓人心生畏懼。他的聲音帶有就事論事的語調。當他說話，對方就聽。這是必須。當他給出方向，對方跟著指示做。這是必須。桑於一九八〇年代在義大利遇到他這位左右手。米托先前是一萬公尺賽的選手。他很懂這項運動。他很懂當中的賭注。桑在田徑場上很認真，米托也是。他是那種讓人不想讓他失望的權威人物。

所以，當他喊出一項指令，運動員了解他們最好跟著指令。這次，距離不知怎麼算錯了。基皮耶貢這一群人比預計的兩千公尺少跑了四百公尺。「Tutaanza upya」，基皮耶貢說，意思是，我們要重來一次。

她再次起跑，她的配速員跑在她的前面，配速員的名字是柏納德．索伊（Bernard Soi），他已經協助她八年了。基皮耶貢用力把腳跟踢得很高。她精神飽滿地跨出大步，額頭上的汗珠在溫和的晨光下閃閃發亮。重覆的訓練結束時，她拉起她的上衣，擦掉鹹鹹的汗珠，無意間露出了她身為人母的身材。兩年前，二〇一八年六月，基皮耶貢生了第一個孩子亞琳（Alyn），而且是以剖腹產的方式分娩。

她女兒住在二十五公里外的埃爾多雷特，由她的先生提摩西．基頓（Timothy Kitum）照料，基頓本人也是奧運男子八百公尺賽的銅牌得主。基皮耶貢再過幾天就可以見到家人了，她一星期只能離開訓練營一天。雖然每星期有六天不在亞琳身邊，這並不容易，但對基皮耶貢來說，這是目前唯一可行的方式。這位二十七歲的運動員距離東京奧運開幕只剩三個月，她的目標是成為史上第一位連續兩屆奧運贏得女子一千五百公尺賽冠軍的人。

費絲．基皮耶貢的全名是費絲．切普格蒂奇．基皮耶貢（Faith Chepngetich Kipyegon），生長在肯亞卡普塔加特南邊兩百四十公里的波梅特（Bomet），父母是農夫，她是九個小孩中第二小的孩子。小學時，她是一位足球選手；十四歲上體操課時，她被帶去跑步。她贏得了一公里賽的冠軍，讓其他人覺得她在跑步方面很有潛力，值得栽培。她是赤腳跑的。她擅長運動也愛讀書，經常帶著學校課本參加越野賽。很快地，她參加了國際比賽。十六歲時，她遠赴波蘭的比得哥什（Bydgoszcz）參加二〇一〇年世界越野錦標賽，拿到二十歲以下組的第四名，連她自己都吃了一驚。一年後，她在西班牙的蓬塔翁布里亞（Punta Umbria）贏得了二十歲以下組的冠軍。

接下來是二〇一一年在法國里爾（Lille）的世界青少年錦標賽，她第一次參加歐洲田徑賽（她先在肯亞奈洛比的世界青少年錦標賽選拔賽參加一千五百公尺賽，得到第三名）。基皮耶貢在一千五百公尺賽中拿到金牌（以及賽道紀錄）。二〇一二年，她在上海參加一千五百公尺賽，創下全國青少年紀錄，她在這項運動上的天分更加顯露。之後她又贏了一項全國青少年冠軍，並順利進入二〇一二年倫敦奧運代表隊。當時她只有十八歲。

基皮耶貢在氣勢如虹時，只跑出第七名，她想爭取進入奧運女子一千五百公尺決賽的夢想破滅。* 二〇一五年，前歐洲室外八百公尺賽冠軍，荷蘭人布拉

* 原註：二〇一二年倫敦奧運女子一千五百公尺決賽九名選手中的六名，後來涉入賽前與賽後數年的禁藥事件。

姆．索姆（Bram Som）開始遠距當她的教練，透過簡訊的方式指導她練習。她會和一位配速員一起訓練，然後回報。索姆會仔細看她訓練計畫的各個方面，從她的例行恢復方式，到她的營養。

基皮耶貢在二〇一六年里約奧運女子一千五百公尺賽中贏得金牌，這是她的第一面奧運獎牌，之後，她計畫組織家庭，並考慮保留足夠的恢復時間，再參加二〇一九年在卡達多哈（Dora）舉行的世錦賽。二〇一七年倫敦世錦賽後，她懷孕了。二〇一八年六月分娩後，基皮耶貢花了接下來的八個月休息、享受當母親的快樂，不給自己壓力回到比賽。

當基皮耶貢結婚時，她就決定要把她的訓練基地從納庫魯郡（Nakuru County）的柯林傑特（Keringet）轉移到埃爾多雷特，在這裡，她和先生可以比較靠近先生的家人。她也選擇換教練，便在二〇一九年二月加入了桑的訓練營。

當基皮耶貢從產假回來，並且甩掉懷孕時增加的九公斤後，桑便開始指導她。「想像一下！」她說。當你親眼看見她嬌小的身軀，你實在無法想像她曾經多了九公斤在身上。

「剖腹產要恢復真的不容易，」基皮耶貢說。手術過程留下的傷口會痛、會腫，痊癒需要好幾個星期。「他告訴我，我得慢慢恢復。」聰明的訓練是桑的指示。重建不能搶快。我們必須考慮長遠的事。太快恢復可能會對運動員造成傷害，可能會造成日後復發的問題。前進是一個需要耐心的過程。

「有時候他很嚴格，」基皮耶貢談到桑時說：「但他真的是一個很好的教練。」

「他什麼都知道。在你跟他說你心裡想的事之前，他就讀出你的心思了。」基皮耶貢說。

恢復體能的工作從二〇一九年二月就開始，最先是走路，接著進展到小跑二十分鐘，直到她的身體強壯到能夠重建她的速度。她透過桑的訓練計畫慢慢進步，催促她自己每個星期跑累人的長跑、到健身房訓練好幾次。她的女兒由家人妥善照顧，讓基皮耶貢能專注訓練，並在需要休息的時候休息。

二〇一九年秋天，基皮耶貢已經為多哈的世錦賽做好萬全準備。令她自己都覺得驚訝的是，她跑出了個人最佳成績三分五十四秒，並且拿到了銀牌——還刷新了肯亞的全國紀錄。這是一個重要的里程碑，不僅重建她的自信，也證明成為母親沒有慢下她的步速。

基皮耶貢在她的跑步生涯中，確實是無敵的。媒體形容她是「肯亞的金牌女孩」，這個頭銜非她莫屬。

「超級巨星！」桑這樣叫她。他掏出他的手機，毫不遲疑地快速滑動手機，找一張圖片，說基皮耶貢在二〇二一年時，被肯亞婦女聯網（Woman Kenya Network）選為肯亞最有影響力的二十位女性之一。桑驕傲地微笑，開心都寫在臉上：「肯亞最有影響力的女性！」二〇二一年三月，第一夫人瑪格麗特·甘耶達（Margaret Kenyatta）也讚揚基皮耶貢和其他肯亞女性運動員的堅毅、犧牲與投入。

「當我看見我女兒，她會給我動力，」基皮耶貢說。她世界級的訓練極為累人，但當父母也是。「我必須平衡兩者，」她說。促使她不斷前進的，是一個無盡的需求：給亞琳比基皮耶貢自己體驗到的更好的生活。「我的父親和母親生活很不容易。」基皮耶貢說。

雖然她沒有用「貧困」這個標籤，她提到他們在金錢方面總是手頭很緊。有時候沒有足夠的錢付學費。她承認，當時生活很困難；基皮耶貢說，她是他們家裡第一個完成學業的。但她不是第一個去跑步的。她的父親山繆爾·科赫（Samuel

Koech）年輕時參加過四百公尺和八百公尺賽，她的姐姐貝翠絲．穆泰（Beatrice Mutai）擅長一萬公尺和半馬。

基皮耶貢希望她的女兒能就讀私立學校，那裡的教育和她接受的教育不一樣。基皮耶貢每天清晨五點四十分起床，她的動力不言而喻。

「我看見我的出身，我也看見我女兒的出身。有一點不一樣，」基皮耶貢說：「這教我必須努力，才能給她更多我所沒有的。」

——播種

天將要亮時，月亮仍掛在天空，散發出淡紫色的月暈。

這是年輕時桑跑步時的片段時光。「在我有點名氣之前，我在家鄉跑步，一定要在日出前。那時你不想要別人看見你跑步，因為當時的人們認為，跑步的人都不太聰明。」他說，這是當時普遍的想法。

但他是成績A的學生，證明跑步的人也可以很聰明。之後，他任何時間都可以訓練，因為他打破了「四肢發達，頭腦簡單」，只有不聰明的人才會去跑步或參加體育活動的迷思。「我可以在我的村裡跑步了，我確定就是那個時候，像基普喬蓋那樣的人會看到我。」

雖然基普喬蓋不記得確切的時間地點，他說：「我最記得的是看到他在馬路上訓練。這是存在我心裡的印象。」基普喬蓋注意到桑讀到大學畢業，而且他參加一流水準的比賽。這兩件事吸引了基普喬蓋對桑的關注。

這天早上，雖然大地還沒甦醒，上面貼著「Eliud Kipchoge INEOS 1:59:40」的銀色十二人座 Toyota Hiace 廂型車，已經停在通往全球運動傳播訓練營鐵門的旁邊，很明顯是誰在裡面。當桑滑開車門下車時，臉上還戴著一個白色 KN95 口罩。二〇二一年四月二十九日星期四，清晨五點五十八分。教練準時到了。

二十幾位訓練營的跑者準備他們的 Maurten 水壺，把一包粉末加進水裡一起搖晃，變成一種粉紅色的碳水化合物與糖的調製飲料，這是晨訓時他們身體重要的熱量來源。他們的晨訓內容：十三個人「輕鬆跑」三十公里，包括卡姆沃羅；另有六個人跑四十公里。

六點十五分，這幾位菁英跑者移動到車道的尾端，他們看起來像是一群人體彩虹糖，每個人都穿著緊身的黑色短褲，間雜著亮色的T恤和跑鞋，有各種深淺的橘色、紫色、藍綠色和螢光黃。

桑指著一位穿著一雙亮綠色耐吉 Zoom Vaporfly 競速路跑鞋的跑者。「那雙鞋子可以嗎？」他問。雖然雨在幾小時前停了，季節性的大雨仍可從整個卡普塔加特泥土路上一坑坑的咖啡色水窪看得出來。

他看向另一位跑者說：「你跟著這群，跑慢一點，」他強調說：「你剛打完疫苗。」桑的運動員和協力人員已接種過第一劑的ＡＺ疫苗，當時在肯亞只有這種疫苗。雖然國際奧委會的規定是參加東京奧運前自願性接種疫苗，但桑決定讓訓練營的每一個人都接種疫苗，以防規範突然改變。最好現在趕快施打第一劑，這樣一來，若有些運動員出現疫苗副作用，例如肌肉酸痛，可以提早結束。

米色運動膠帶支撐著卡姆沃羅從緊身的紅色短褲下面露出來、強壯到令人嘖舌的股四頭肌。他站在那裡，身上穿著黑色暖腿套和白色長袖耐吉襯衫，手指頭準備按下他的手錶計時。

「你們可以出發了，」桑對這一群人說。

桑的鎮定似乎是很典型的。但他堅持這要視每天的情況而定。「通常，我不會和運動員打招呼。當天如果比較輕鬆，我可以跟他們說哈囉。但是當有重要的事時，就要來硬的。」

赫門斯用「嚴肅」這個字來描述桑。他們認識這麼多年來，「我想不起我們曾經坐下一小時喝咖啡閒聊，」赫門斯說：「我們通常很嚴肅。」

當二十八個人踩踏在柏油路上，營造出一種踏步的合音，這條柏油路通到卡普塔加特森林入口的鏽色紅土路。桑和他的四人小組很快地魚貫進入廂型車，這台車配備有狩獵用車的減震裝置，能適應巔簸的地表。

「這個東西被改過了，」桑說。訓練營原本有另一台超過十年的車。「我們在二〇一八年時買了這一台。以前那一台比較耐操，哪裡都能去。這一台是四輪傳動車，但裡面，你知道，他們用來狩獵那種，我們改成那樣。之前的車有天窗。我還真想把它開回來。但現在是一間學校在使用。」

一桶的 Maurten 水壺被塞在前座，水壺上面用黑筆寫上了每位運動員的名字，以茲分辨。KAMWOROR（卡姆沃羅）、SAMBU（山布）、KAAN（卡恩），都是大寫。教練每隔五公里，就會把運動員個人的水壺遞給他們。

當助理教練米托小心翼翼地開車經過顛簸有如身體按摩的道路，每個人還是把安全帶當裝飾品，視而不見。這條路與一片乾枯的棕色農田平行，只看得見幾片綠色葉子。這種植物在肯亞稱為「maize」（玉米），是肯亞數百萬人的主食。它是烏咖哩的原料，一種用玉米粉和水混合的濃粥，通常會搭配燉羽衣甘藍，一種用綠色羽衣甘藍與洋蔥和香料一起燉煮的菜餚。這裡的跑者說他們晚餐時喜歡吃烏咖哩，消化慢的碳水化合物較受歡迎，他們相信它有助提供晨跑的能量。

廂型車緩緩跟著這群人，他們整齊劃一的跑姿，彷彿他們被複製了。所有運動員的嚴肅和專注一眼就看得出來。「這是一個機會，」桑說：「在肯亞，有多少人在找工作？」

「我喜歡他們如此專注的樣子。」他會這樣評論這些跑者。還有無我的精神。

桑拉開一點車窗。

「Iko Juu Zaidi!」他說。太快了。「慢慢來，慢慢來，慢慢來。」

他用口令煞車，讓他的運動員對這場三十公里訓練不會太用力。

想像若桑在一九八〇年代時有像他現在給予運動員的這種高度支持，而不是聽別人說跑步的人是傻子，想像他有一個像米托一樣的親密戰友。

「那會很有用，」桑笑著說：「那時候，你得自己思考，隨機應變。」他再次笑了，開懷大笑。

長跑途中，教練和他的協力團隊一一從廂型車出來，在路邊等待，發送水壺。遞出的動作極流暢，在轉瞬間完成。

桑很機敏，隨時都很機敏，尤其是他的眼力。訓練時稍早，他在路底看到幾位跑者。即使距離很遠，他也可以看出運動員的類型。目標是拿獎學金的學生，他描述一對跑者說。「或者在美國他們稱為『wannabes』（想達到目標的人）。」路上還有另一位跑者。「右邊的那一個……我想是個印度人。」

這個傢伙後來從身邊跑過，桑笑了。「我的眼力很好。」

他還可以偵測出韌性。「當我看見它，我知道這個人是有韌性的人。」他說。

——擦掉懷疑

將近六點十五分，日光開始普照，一層薄霧縹緲於柏樹林稍。清晨鳥兒輕柔的鳴叫聲為鄉間未被破壞的蔥蔥綠樹，帶來另一種平靜的元素。若你是四月底或五月初來到這裡，路兩旁的丁香花會指引你到全球運動傳播訓練營，桑和他的一群世界級夥伴這裡。

速度訓練在早上八點就要經由藍色的大門開始了。星期二上午九點左右，運動員身上色彩繽紛的運動衣和鞋子點綴著原野的一角；而在不遠處，牛糞則零星散布在草原上。這條跑道和綁有鐵網的木欄另一邊的幾頭牛，幾乎沒有什麼分隔。非練習時段裡，牛隻會在訓練的場地上自由漫步。

第一眼看到這裡，你可能會以為這個跑道不常使用，甚至以為它是廢棄的，因為它看起來東一塊、西一塊，上面還有大小土丘和很需要雨水的乾草。這個跑道長三百八十公尺，比標準跑道少二十公尺。量錯了。

「當新冠疫情爆發時，我們沒地方去。所有的運動員都被禁止進入任何跑道練習，」助理教練蘇古特（Sugut）說：「我們決定蓋這個。這裡是開放的土地。」

他們花了幾個月才蓋好這個跑道。二〇二一年五月的前幾天，這個跑道的數字還沒正式標好，只有在不同距離立了幾個藍色的欄架。直到五月四日的早上，桑的助理才帶了一支小牙刷，沾上白漆，在跑道上走來走去，寫下幾個距離標示——「二〇〇公尺」、「六〇〇公尺」，「終點」（FINISH）每個字母都是用大寫。

這個訓練營是肯亞最有紀律的訓練營，至少奧運金牌得主馬修．比里爾（Mathew Birir）這麼說。這位在一九九二年奧運超過桑、贏得金牌的人，後來有幾年成為桑旗下訓練營的運動員，桑擔任比里爾的馬拉松教練。「過去通常有人告訴我們，從徑賽經過，從馬拉松出來。」比里爾談到他的生涯曲線。他有第一手的經驗，知道一個人一定要有多專注、願意付出，才能進去這個訓練營，並且留在那裡。「你可以成為最厲害的，但如果你沒有紀律，你可能會被踢出去，」比里爾說。他還說，這是他從桑那裡學到的最重要的人生法則。「如果沒有紀律，就不可能贏。」比里爾說。

桑在一旁看著，靜靜地在鋪滿露珠的場上不同的角落走動，他的耐吉跑鞋擦過濕濕的草地。現在的溫度大約攝氏十二度，如果你不是在走動的人，應該穿件外套。

米托教練按下了碼錶。

兩度馬拉松世界冠軍阿貝爾．基魯伊穿著一件緊身黑色短褲和一件褐色的長袖運動衣，開始他八趟一千六百公尺訓練的第一趟。「*Misuli ya mapaja na mgongo imebana sana.*」他說，他的股四頭肌和背部太緊。基魯伊和一位隊友一同起跑了。當他們從靜止狀態加速到高速，上上下下的腳步揚起一陣塵土。這次訓練是為了基魯伊準備二〇二一年五月十六日的米蘭馬拉松。

基魯伊生長在南迪郡卡普塔加特南邊二百四十五公里的薩米托伊村（Samitoi），是家中年紀最小的孩子。那裡的陡坡就像是個遊戲場；他每次會在那裡玩好幾個小時，和一群人一起奔跑。

他年輕時參加一千五百公尺的比賽。他是受到他的偶像保羅．特爾加特（Paul Tergat）的啟發，特爾加特是第一位打破馬拉松世界紀錄的肯亞人（他後來成為肯亞奧會主席）。基魯伊會穿上寫著「Tergat」的運動衣參賽。他曾經說，他們家族的跑步血統可以源自他的曾祖父，因為他會追羚羊。

三十九歲時，基魯伊已是一位馬拉松的老手，幾乎達到了許多人所謂的人生巔峰的完結。他從在薩米土伊小學（Samitui Primary School）時就開始跑步。在肯亞國家警察署轄下的行政警察局舉辦的招募比賽中，他的跑步天分被「發掘」了。基魯伊贏了那場比賽。他後來加入了行政警察局，開始認真跑步。他擔任的職位是警察的督導助理。

第一趟。完成。

米托在一本紅色的筆記本上快速寫下數字。

二〇〇六年，基魯伊擔任柏林馬拉松的配速員，這是全世界最受尊崇的路跑之一。柏林的跑道以平坦和彎道平順著稱，獨霸破紀錄的場次。事實上，在馬拉松賽史上，到二〇一八年為止，馬拉松世界紀錄十一度在柏林被打破。* 雖然基

* 原註：基普喬蓋於二〇一八年打破馬拉松世界紀錄，二〇二二年在柏林再次打破紀錄，成績是 2:01:09。比他的個人最佳成績快了三十秒。

魯伊只是配速，但他完賽成績是第九名。

第二趟。完成。

一年後，基魯伊以正式參賽者的身分參加柏林馬拉松。他得到第二名（成績是兩小時六分五十一秒），輸給傳奇的衣索比亞跑者海勒·格布雷西拉西耶，他成為當時第六快的馬拉松跑者。

第三趟。完成。

基魯伊於二〇一二年倫敦奧運贏得馬拉松賽的銀牌。四年後，他在芝加哥馬拉松得到金牌，在衝過終點線後，開心地手舞足蹈。

這是二〇〇八年在維也納馬拉松打破賽道紀錄的同一個人。或者應該說，他奮力一搏。當基魯伊於二〇一四年參加阿姆斯特丹馬拉松時，被認為是男子菁英群中最有經驗的參賽者。參賽那一天，他心裡想著他前一天剛過世的祖母。他是基督復臨安息日會的教友，周六上教堂；若他在周日參賽，能讓他感覺他的靈性與信仰合諧一致。他的妻子通常會在他的行李中塞進一本《聖經》。那次阿姆斯特丹馬拉松賽中，賽道紀錄與冠軍都與他無緣，他只得到第六名。

第四趟。完成。

二〇一六年，基魯伊與幾位專業跑者和安息日會的教友普里斯卡・傑普托（Priscah Jeptoo）、阿摩斯・提洛普・馬楚伊（Amos Tirop Matui）發起了「美好生活馬拉松」（Better Living Marathon）。他們的用意是教育安息日會社群與大眾，關於不健康的生活方式及相關疾病的知識，例如癌症和糖尿病。這場馬拉松在奈洛比的卡魯拉森林（Karura Forest）舉行，賽事與募得的款項，將用來籌建一座祈禱與社福中心，裡面包括一間健身房、SPA、圖書館、諮商中心和餐廳。

基魯伊在伊騰受訓直到二〇一七年六月，當時他搬到卡普塔加特，住在全球運動傳播的訓練營。很自然地，基普喬蓋立刻成為他的模範，他很想向他學習，或者說像基魯伊說的，「偷他的想法」，因為基普喬蓋「聰明多了」。

基魯伊比賽前告訴自己：「我今天必須贏。」有時候如他所願，或者會差一點，就像他在二〇一七年芝加哥馬拉松獲得第二名一樣。

二〇一八年，基魯伊在芝加哥馬拉松落到第七名。他很努力克服已折磨他兩季的傷。關於基魯伊是否已經失去最佳狀態光環的疑問，開始浮上檯面。他已經二十六個月沒有比賽，部分是因為臀部和阿基里斯鍵的問題，部分是因為新冠疫情。

直到二〇二〇年十二月，他重新站上起跑線，這次是在西班牙的瓦倫西亞馬拉松，這是疫情爆發以來，少數舉辦的國際馬拉松之一。他得到第七名，成績是兩小時五分五秒，只與他的個人最佳成績差一點。他想要跑出兩小時四分的成績。

他說，有人問他為什麼他還想參賽。每天，他看著基普喬蓋和其他仍有表現的訓練夥伴。他心裡的數字是兩小時三分。直到二〇二一年五月，只有二十個人在馬拉松裡跑出那樣的成績（而且只有六人跑得比這個時間更快）。如果他能達成這個目標，他就會成為史上最頂尖的前二十五名跑者。

第五趟。完成。

基魯伊最後坦承，他的身體已經開始力不從心了。「Najikaza，」他向米托大聲喊，意思是，我繼續撐住。這次訓練是今天早上的考驗之旅。在他繼續跑的時候，汗珠從他的臉頰飛落。

第六趟。完成。

「Nimechoka sana」，意思是：我很累了；他咬緊牙關地說，他的牙齒潔白無暇，從來沒有戴過牙套，但都長得很正。「不要想著距離長度。」桑大聲說。基魯伊的肌肉解讀了這個訊息，繼續向前。

「如果你認識你自己，那麼你會知道我在這裡是有一個目的的。所以，我的目的是什麼？」桑曾經這麼說。

第七趟。完成。

基魯伊的大腦很想關掉他下背的收縮張力。但他的身體繼續代償。他跑步的時候，他的頭微微向右傾，這是疲乏的徵兆，訓練營的一位物理治療師艾力克·穆修里（Eric Muthuri）這麼說。稍晚的五十分鐘運動按摩時間，他會把重點放在基魯伊的頸部。

基魯伊加快腳步，彷彿進入自動駕駛模式。無法形容的意志和欲望結合了。這次訓練中，當他的雙腳踩踏堅實的泥土路時，正測試他的呼吸。這很痛。但輸了比賽更痛。

「很好！」桑說。基魯伊把兩手併在一起，感恩合十。

第八趟。完成。

——體能訓練

飽經風霜的木地板上滴了一層層新鮮的汗珠，從運動員的脖子流下來，順著他們的背，再從他們稜角分明的小腿上滑落。這裡的男女運動員人數不成比例，有十九名男性運動員，只有一名女性運動員——他們的女性同胞馬拉松跑者莎莉·契皮耶戈（Selly Chepyego），她在產後六個月就來這裡了。他們身上的汗水加總起來，使得房間裡的濕度很高，連前面的鏡子都凝結了一層水氣。

現在是二〇二一年五月初的一個星期五早上八點十九分，這群人在一個漆成橘色的房間裡進行體能訓練已經超過一小時了；這個房間位在埃爾多雷特喧囂的一條小街上。塔馬林德購物商場（Tamarind Place）前面的「摩西專業理髮」廣告招牌很不起眼，看起來更像是一家特別的地下酒吧門面。但是進到這棟大樓，爬上幾層樓梯，就是一間小健身房，天花板還凝著水，螢光燈泡燒壞了，幾片玻璃窗板也不見蹤影。

這裡的器材僅有三個穩定球和四個嵌上幾個已風化的啞鈴的塗漆輪胎；門的旁邊有一疊紅色和藍色的運動墊。有氧踏步機不使用時，就立起來靠在牆上。但今天早上，穿著一系列亮粉色、灰色和黑色耐吉跑鞋的雙腳跟著一、二、三、四的節奏踩著登高訓練的木箱上上下下，一位跑者說，這是「斯瓦希里雷鬼音樂」。這些音樂大多是白噪音。「我們其實沒在聽。我們只是樂在其中，」三十二歲的維克多．楚莫說，他是二〇一七年「耐吉破二計畫」賽事中，基普喬蓋的三十名配速員之一。

在這群菁英運動員中，包括最偉大的基普喬蓋，他穿著不起眼的衣服——寬鬆的黑色短褲、兩層運動衣和深色運動手套。他只是一個努力要在九十二天後再次爭奪奧運馬拉松冠軍的人。幾乎沒有任何跡象顯示他擁有數百萬美元的身價，除了他肌肉突出的小腿，讓人看出他對這項運動的極度投入，這使他不僅成為世界上最知名的跑者之一，而且也是所有運動項目中最有名的運動員之一。

基普喬蓋在四月贏得NN使命馬拉松比賽冠軍，休息兩星期後，現在又開始了他密集而辛苦的訓練日常。他的雙腳上下反覆踩上木箱的頂部，雙手各握著一個槓片，看了一眼訓練夥伴拉邦．柯里爾（Laban Korir）。一個人可以是一位經驗豐富的菁英跑者，但仍然希望自己能正確地執行教練班．科赫（Ben Koech）指示的練習，並得到一些自信。科赫是一名有二十多年資歷的教練，他將每次訓練的重點放在增強全身肌力上，幫助這些跑者培養更多的爆發力。基普喬蓋和柯里爾都是ＮＮ跑步團隊的成員，這個團隊是在二〇一七年四月時成立的。

這是全世界第一個職業跑步團隊，由全球運動傳播的先鋒赫門斯創立。「我的夢想是發展田徑運動，透過建立更多跑步團隊、並使用 Wavelight 和 RunPuck 等創新科技，來建立更大的粉絲群。」赫門斯說。他對ＮＮ跑步團隊的想法，是協助支持體育菁英擁有更好的教練、營養、行銷、粉絲參與、物理治療和醫療照護。ＮＮ跑步團隊由總部位於荷蘭的保險和資產管理公司 NN Group 支持，由全球六十多名菁英跑步運動員組成，其中包括一些最有成就的馬拉松選手，如衣索比亞人肯尼薩．貝克勒（Kenenisa Bekele），他曾是五千公尺和一萬公尺的世界紀錄保持人，還拿過三枚奧運金牌（兩次一萬公尺金牌和一次五千公尺金牌）。他是史上第二快的馬拉松選手，僅次於基普喬蓋。

事實上，今天在這裡的許多運動員都在從二〇二一年四月十八日的ＮＮ使命馬拉松比賽中重新整裝待發，在那場比賽裡，基普喬蓋以兩小時四分三十秒的世界第一成績，再次成為領先者。

這就是為什麼世界上最厲害的跑者要在這裡咬牙進行兩個小時的體能訓練，包括循環訓練和腹部訓練，最後以瑜伽的嬰兒式跪著，這是一種休息姿勢，也是基本的瑜伽動作，可以穩定脊椎，並減輕背部壓力。這是讓基普喬蓋到了三十六歲還能保持巔峰的祕訣之一。

楚莫在二〇一七年加入全球運動傳播訓練營時也加入了這個計畫，在這之前，他在肯亞國防部的工程部門工作，負責拆除炸彈。他在那裡五年後辭職了，開始全職跑步。二〇一六年，楚莫的目標是進入肯亞代表隊參加里約奧運，但他在國內奧運選拔賽的成績令人失望，只得到第十一名，錯過了五千公尺賽的參賽資格。

當楚莫從知名的義大利跑步教練雷納托．卡諾瓦（Renato Canova）轉到桑下面受訓時，他的目標是在義大利的耐吉破二計畫中精進自己的配速員角色，後來又在二〇一九年十月於奧地利維也納舉行的 INEOS 1:59 挑戰賽中擔任基普喬蓋的配速員。當然，全世界都知道最終的結果，這是一項史詩般的成就，證明——在精心的策畫和楚莫這樣的人才協力下——不可能其實是可能的。

楚莫很感謝這段經歷教會了他跑步、比賽和當一個無私的領跑員。現在楚莫將焦點轉向自己的成績：他的半馬個人最佳成績為五十九分五十八秒，恰恰躋身史上前兩百名跑者（截至二〇二一年五月為止）。他打算在幾個月後首次參加馬拉松賽，目標是跑出兩小時五分的成績。

所以他必須在這裡，在這個悶熱的房間裡，進行一系列的消防栓式體能訓練，這是一種會讓臀部極為酸痛的動作。在十次的重複訓練中間，有些跑者會互看一眼並輕聲大笑，但接著繼續咬緊牙關。肌肉實在太酸痛有感了。有些人後來說，這種訓練比跑步更困難。

上選之人

公雞叫了。

一個肯亞小男孩騎著一台生鏽的腳踏車穿過平坦的土路。

一名身穿螢光綠背心的警察站在轉角，示範戴好口罩。

玉米的葉片靜靜地躺著。

一頭牛用鼻子磨蹭著電線桿止癢。

一名身穿珊瑚色T恤和卡其色褲子的男孩揮著一把鋤頭，把泥土敲碎。

一名婦女坐在路邊在一小堆木炭上慢慢轉動玉米。

一輛白色貨車正運送車頂上的綠色香蕉。

一個穿著黑色襯衫和褲子的小小孩坐在地上，輕輕地鏟起泥土。

她背對著埃爾多雷特西南約四十公里處，南迪郡首府卡普薩貝特一片不起眼的土地。這個孩子沒有注意到二〇二一年五月二十二日星期六在她身後發生的事所具有的意義。這裡的日常與正進行中的「肯亞田徑中心裂谷二十歲以下選拔賽」，有如兩條平行的現實，互不相干。南迪被稱為「冠軍的來源」（The Source of Champions）。開車穿過郡界的藍色拱門，人們甚至會在拱門上方看到這些字樣。這個標誌很顯眼，很難不被看到。事實上，這裡到處都有標誌。這個地區到處都可以看到跑者的身影，彷彿他們已融入這個環境。另一個暗示是在這座運動場上。

一群人在泥土跑道的南端圍成U字形，操場上用粉筆畫出八條白色跑道，被圍在中間的是一片斑駁的草地。人群中，有些人穿著有領子的鈕扣襯衫和褲子。藍色口罩顯示了哪些人選擇在人群聚集時擔負更多的防疫責任。

攝影師走來走去，青少年粉絲們熱切地打量著肯亞田徑運動的未來。正如桑所描述的，他們是璞石。這場選拔賽是世界U20田徑錦標賽的墊腳石，他們會挑選一些最優秀的業餘跑者，對這些男孩和女孩來說，這是一次彩排，他們之後將前往尼亞約國家體育場（Nyayo National Stadium），參加七月一日和二日舉行的全國比賽。

綠草如茵的停車場停著一輛豐田 Hiace——幾天前，這台車還追著基普喬蓋和他的訓練夥伴跑了四十公里，幾乎相當於一場馬拉松的距離。米托教練穿著橘色耐吉跑鞋、藍色牛仔褲和白色短袖襯衫在運動場上走來走去。他在這裡照顧訓練營裡的幾位年輕選手。

其中包括訓練營裡十九歲的賈桂琳．切普科奇（Jackline Chepkoech），她已經穿上了比賽裝：綠黑圓點的工字背心，和黑色的愛迪達短褲。從她的髮型看不出任何女性的特徵，沒有馬尾辮，沒有辮子，只是剪得很短的頭髮。當切普科奇在訓練或比賽時，她輕柔的微笑就會消失，但在賽場外，她會低調地笑著。這些笑容埋起了她痛苦的成長經歷。擺脫過去的日子，她很努力重新學習如何信任。

切普科奇在納庫魯郡的奧倫古魯內（Olenguruone）長大。她十一歲時，還在小學時就開始跑步。二〇一九年，十六歲的她因為繳不出學費而從冠軍女子中學（Winners Girls High School）退學。之後，切普科奇選擇在柯林傑特田徑訓練營（Keringet Athletics Training Camp）接受訓練。

當命運之手將她放在全球運動傳播訓練營時，這位少年運動員接受了她不熟悉的工作量，去追求改變自己的未來。「你周圍的人會決定你成為什麼、你想什麼。」桑說。他補充道，一個人便成為那個環境的反映。

切普科奇在一個能讓她成長茁壯的空間。順道一提，這位青少年在訓練營裡得到了她的偶像之一、奧運銀牌障礙賽選手海文・基揚的啟發。切普科奇正在學習這個世界的規則。她一邊學習，一邊成為一位充滿希望的冠軍選手——正如媒體恰如其份所描述的，她是一位「主宰全場」的女性。記者稱她年輕，顯然沒有意識到她必須快速成長而成熟的心態。如果他們知道她的過去，也許「年輕」這個字就會被「成熟」取代。她正在追逐某個特定的未來。切普科奇希望打破由肯亞人碧翠絲・切普科奇（Beatrice Chepkoech，兩人無親戚關係）保持的女子障礙賽世界紀錄。這位較年輕的切普科奇還計畫參加二〇二四年巴黎夏季奧運。

這是她的計畫。

切普科奇的腳上穿著有紫色鑲邊的黑色愛迪達釘鞋。早先有些參加比賽的女性是穿裙子、打赤腳的。其中有個人的口袋露出一個藍色口罩。當切普科奇走向障礙賽起點時，她襯衫上的名牌很顯眼。這位年輕女子身穿胸前編號為一一五的比賽號碼布，在下午一點〇三分站上起跑線，準備證明她細瘦的雙腿很有實力。

「比賽即將開始，請保持安靜。」播音員喊道。起跑槍聲在空中響起。左腳向前，切普科奇開始她的長距離衝刺，動作優雅而且充滿力量。當她跳過黑白木欄架時，她的腳輕輕鬆鬆地抬起來，不禁讓人懷疑：她到底是在比賽，還是只是拉開與競爭對手時的輕鬆動作？切普科奇和其他參賽女選手之間的距離愈來愈遠。在七圈半的比賽中，才跑完一圈，她們就無法跟上她了。

孩子們站在大人旁邊，雙手插在背後。太陽高掛天空，影子變短了。二十三度的氣溫籠罩著這一刻，大家瞇著眼盯著八個跑道，跑道上有釘鞋踩進泥土的聲音。細長的雙腿有目的地移動，想要完成每個人相信上帝為他們制定的計畫。切普科奇維持著自己的節奏。乍看以為這只是兒童的比賽。但這場比賽是她的周六必不可少的一部分。參加國家比賽的必要步驟。

這是她的計畫。

「衝刺啊。用妳全身的力氣跑完！」被稱為「梅里先生」（Mr. Melly）的廣播員語氣激昂，他的熱情瀰漫空氣裡。

切普科奇還跑著她的步伐節奏。她繼續前進，她的步幅與比賽開始時一樣寬。她正在一步步接近她的計畫。還剩兩圈，至少對她來說是這樣。切普科奇繼續在超過兩百名的觀眾面前定義自己，這些觀眾留下來支持當天倒數的兩項比賽。對角手臂，對角腿。對角手臂，對角腿。每一次踢腿，她都踢得很高。沒有疲倦的跡象。她跑起來彷彿比她實際的參賽經驗更老練。

下午一點十四分，她的雙腳迎接了勝利。

她的計畫也將繼續。

——馬達拉卡日

二〇二一年六月一日星期二，一切照常。一場田徑訓練。一本紅色筆記本，記錄著訓練營裡跑馬燈般關於速度的線索。幾位運動員看過早上的訓練內容，包括兩千公尺和一千公尺各五趟。

上午九點二十五分，基普喬蓋穿著淺黃色襯衫和黑色短褲，在二十幾位男子運動員後面起跑衝刺，順時針繞著跑道跑。他的嘴角微微上揚，彷彿在忍住笑。他的左太陽穴突出一條青筋。

男子運動員在內側跑道上跑成一列，這是跑道上被踩踏最嚴重的跑道。汗水很快從他們身上流下來，順著他們的額頭，閃閃發光。是風還是他們的速度使他們的運動衫擺動起來？維克多．楚莫獨自跑了一圈，看了一眼手錶。他正在照護鼠蹊部的一處拉傷。他後來說，那一個月後就會好起來。

野地很乾。已經好幾天沒下雨了，但天空會說話，預示雨就快下了。當地人說，滿月和新月之後就會下雨。未來兩星期內會有陣雨。

上午十一點，跑道上傳來不同的聲音。是釘鞋插進泥土的聲音。八百公尺專業跑者威克里夫・金亞馬爾在開始速度訓練之前，逆時針跑步進行熱身。費絲・基皮耶貢也在這裡，略微增加了女性的比例——目前女性人數還不到五人。就在幾天前的五月二十八日，基皮耶貢參加了在卡達多哈舉行的鑽石聯賽，並獲得了女子八百公尺冠軍。基皮耶貢穿著亮粉色上衣和黑色短褲，開始了她訓練的第一部分：兩千公尺兩趟。她正在為即將在六月中旬舉行的奧運選拔賽做準備。

桑教練站在場上，身穿白色 Polo 衫和黑色休閒褲，頭戴白色帽子。即使在外面，在新鮮的鄉村空氣中，他也戴著藍色口罩保護自己。他雙手交叉在身後，注視著早晨的細節——這個訓練營的男女選手，他正在為他們更光明的未來做準備。

今天是馬達拉卡日（Madaraka Day）五十八周年，馬達拉卡日是肯亞的國定假日，旨在紀念該國從英國獲得自治。一九六三年六月一日，喬莫・甘耶達（Jomo Kenyatta）宣誓就任肯亞總理（不過直到一九六三年十二月十二日，肯亞才宣布獨立）。

田徑訓練結束後不久，一名運動員將兩個藍色塑膠桶裝滿水，他拿起一塊肥皂，開始擦洗他的跑步衣。沖洗，再一次。他會把它們掛在溫暖的陽光下晾乾。接下來他要洗他的訓練鞋，他並不是唯一會照顧自己衣物的人。每位運動員都會重複這個每星期一次的儀式，基普喬蓋也不例外。這是訓練營的日常生活。

洗完後，他會去和訓練營的其他成員一起坐在陽光下，眼睛盯著智慧型手機，聚精會神地觀看和聆聽烏胡魯．甘耶達總統（他被稱為閣下）向民眾發表的肯亞共和國馬達拉卡紀念日電視講話。這篇演講在基蘇木（Kisumu）的喬莫．甘耶達國際體育館發表，類似美國的國情咨文；美國總統在每年的國情咨文演講中，都會發表有關國家現狀的訊息。

就在四年前，甘耶達總統談到免除進口關稅，以便人民仍然可以負擔得起牛奶和其他食品；他也談到牲畜保險，以便保護牧民社區免受乾旱損失；他還透露了一項正在制定中的肯亞咖啡產業復興計畫，他說肯亞是非洲最大的經濟體之一。

但甘耶達總統也談到了就業的必要性。他在演講中說：「我們必須為盡責完成學業的勤奮兒女找到工作。」他告訴人民：「我的政府明白肯亞的每個角落都很重要；每個肯亞人都應該得到基本的服務。今天我很驕傲地向大家報告，在過去四年裡，我們已經為超過兩百萬戶家庭增加了電網。」其中包括全國約兩萬三千所小學將獲得電力。*

甘耶達總統表達了這樣一個願望：「肯亞人民不必參加每星期的哈拉比（harambees）**，也不必花費家庭積蓄，將親友送到國外接受現代醫療服務。」

甘耶達總統在二〇二一年的演講有些不同。他談到該國的年度產值為一〇．三兆先令（相當於八五〇億美元）。他說，經濟加速，為各郡帶來更多國家收入，「大力推動投資」，為經濟起飛奠定基礎。他談到了基礎建設項目——重振鐵路、修建道路。路本身不是夢想。他解釋說，真正的夢想是，道路可以為國家做些什麼。

聆聽總統閣下更多有關決策經濟學和提升衛生基礎設施的言論時，運動員們大多保持安靜。甘耶達總統具體指出，全國四十七個郡有五十四個洗腎中心和三六〇台最先進的血液透析機。最後他多談了決策的經濟學。一個人所做的每一個選擇，都會有一個後果。

當總統結束演講時，一雙耐吉 VaporFly 跑鞋被放在藍色塑膠桶中，用肥皂水手洗過，然後乾乾淨淨的放在屋頂上晾乾。明天，鞋子上面就會沾滿泥土。然後鞋子會再次被擦洗乾淨，看起來就像新的一樣。運動員會一次又一次地這樣做，直到鞋子磨損得無法再跑一公里。更換鞋子後，新鞋會被小心對待，並經常手洗。這是他們選擇做的事。

---

* 原註：基皮耶貢在二〇一六年里約奧運會上獲得金牌後，她父母居住的村莊柯林傑特（Keringet）首次通電，這是肯亞政府為期三年的「最後一英里連通計畫」的一部分，該計畫的目的即是以經濟實惠的方式，將肯亞家庭連接到國家電網。

** 譯註：哈拉比是肯亞傳統的社區自助活動，通常是籌款與發展相關的活動。

——獅子的巢穴

「在肯亞的體育界，你確實不會以個人身分來規畫：我將要參加這屆奧運會，或者：讓我看看我在下屆奧運能參加什麼項目。」桑說。和美國一樣，肯亞的田徑隊要等到奧運前一個月舉行選拔賽時，才能確定參賽者的名單。肯亞國內的選拔賽在許多方面，都比奧運本身壓力更大。

肯亞奧運選拔賽將於二〇二一年六月十六日至十九日在距離該國首都十二公里卡薩拉尼（Kasarani）的莫伊國際運動中心（Moi International Sports Centre）舉行。這是肯亞最大的體育場館，最早興建於一九八七年，用於舉辦全非運動會，一般被稱為「非洲奧運」，是一項每四年舉辦一次的國際田徑比賽，由來自非洲各個國家的運動員參加。

與以往的奧運選拔賽不同的是，這裡六萬個座位的場館原本應該擠滿歡呼的觀眾，像美國人看美式橄欖球或籃球那樣，熱情地觀看這項全國性的田徑比賽，但這一屆奧運則反映了現況——也就是，在全球疫情大流行期間保持必要的謹慎。因此，這次選拔賽時，體育館大部分座位都是空的，只有少數教練被允許進入看台——當然也包括桑。

卡姆沃羅在這裡。他的體能正在高峰，準備第二次加入奧運代表隊。

早在一九九二年，當桑站在選拔賽的起跑線上時，他就是柯姆弟兄所稱的「史上最偉大的障礙賽選手大集合」之一。確切地說，是十二個人，包括前世界紀錄保持人彼得・科赫（Peter Koech）；衛冕的奧運冠軍朱利亞斯・卡里烏基（Julius Kariuki），他於一九八八年在漢城奧運奪得金牌時還是一名大學運動員；世界紀錄保持人、世界冠軍摩西斯・基普塔努伊（Moses Kiptanui）；還有當年才二十歲的馬修・比里爾，他是巨人中的初生之犢。「不勝枚舉。知名選手一字排開，一起參加那場障礙賽。太不可思議了，」親眼目睹這場賽事的柯姆弟兄說。他評論說，那場比賽的結果很難預測，特別緊張刺激。

肯亞至今已在奧運男子障礙賽中拿下二十六枚獎牌，從一九六八年到二〇一六年，每屆奧運都囊獲金牌（除了一九七六年和一九八〇年，肯亞未參賽的那兩屆奧運）。「障礙賽是一項困難的賽事。你必須是一名跨欄運動員。你必須是一名短跑運動員。你必須是長跑運動員。所有這些事，」比里爾說。

「那場比賽對我來說，比奧運決賽更重要。重要更多！」柯姆弟兄說：「我可以欣賞運動員的才華。」名譽、地位或成功，這些在起跑線上沒有什麼意義，因為這些人同樣做好了入隊的準備。柯姆弟兄回憶說，比里爾必須在高海拔跑出有史以來最快的時間才能獲勝。桑跑出第二名。「我很幸運能入選代表隊，」他說：「和實力堅強的人對決，那些打破世界紀錄的傢伙！」語氣中充滿連續的讚嘆！

桑不僅第二度入選奧運代表隊，還被任命為肯亞奧運代表隊隊長，並擔任國家旗手。

被視為領導者，讓桑有了另一層的覺察。「透過參加管理會議，你會明白獎牌是首要任務。金牌——不是銀牌，不是銅牌，」桑說。金牌就是一切，「這是肯亞人的想法。」

那時是這樣，現在也是如此。金牌仍然很重要。奧運選拔賽仍然是獅子的巢穴，因為大多數的參賽者都有能力入選肯亞奧運代表隊，這很常見。但只有三個人能入選。除了真正的奧運之外，如果有一個場合，參賽者必須在比賽中領先，那就是這場比賽了。一個人必須在心理上接受這項事實。接受壓力。他們可以自由地將這股壓力內化，或者找到一種方式來欣賞它。冠軍的標誌就是他能如何利用這股壓力來好好表現。運用它，把它當成燃料來燃燒。

這種情況不僅限於肯亞的田徑運動。這樣的場景是體育運動中很自然的一部分。但是在肯亞，這種情況被放大了。對於這裡的跑者來說，他們當中的許多人都擁有運動天賦，而且充滿夢想，因此賽跑變成了達爾文主義的競爭性比賽。

少了驅力，天賦便會受限。這個動機。這個為什麼。為什麼你能接受通往頂端的迷宮充滿了不舒服、充滿痛苦？為什麼你接受一定要有某種犧牲？

這個為什麼會在晨光打破一天的黑暗之前，把你的身體從床上拉起來。這個為什麼是你能忍受肌肉酸痛、疲憊、情緒高低循環的原因。這個為什麼，是想要成為某個人物。這個為什麼，是為了榮耀。這個為什麼，也是為了一個改變人生的機會。

二〇二一年六月十八日，卡姆沃羅穿上他的賽跑裝，一件亮綠與亮藍色幾何線條的藍色背心，以及搭配的短褲。他的背心上有二三四號的比賽號碼布。踏上起跑線之前，卡姆沃羅與他的朋友、訓練夥伴兼心靈導師基普喬蓋聊了幾句。「我們一起去東京吧，」基普喬蓋告訴他。他曾經建議卡姆沃羅：「相信這個制度，相信你是場上最棒的。」相信你自己。

卡姆沃羅站在第三跑道，其他還有三十二名參賽者。三十二名和他一樣想要躋身前三名的參賽者。應該說，前兩名。第三名將由肯亞田徑運動負責單位肯亞運動協會（Athletics Kenya）決定。這些人明白這一點，可能也明白另一項輸贏。肯亞在一萬公尺這項奧運賽事上只拿過一次金牌，而且這枚金牌在他們出生之前就已經拿到了。那位金牌得主是納夫塔利．特穆（Naftali Temu），在一九六八年的墨西哥城奧運時。肯亞之後在男子一萬公尺比賽中的成績是：銅牌、銅牌、銀牌、銀牌、銀牌、銅牌、銀牌。依此順序。東京奧運將是改變這項統計數據的另一個機會。但首先，卡姆沃羅和其他三十二名選手必須先比完這場比賽，然後才有這個機會。

距離代表隊中的一席，還有二十五圈。

起跑後，這幾位男子選手的速度不相上下，前後跟得很緊。四分鐘後，第五名的卡姆沃羅被超越。他不接受這項舉動。很明顯。所以他加速到第三名。有這樣強烈的意圖、事關如此重大，但比賽的背景卻如此安靜，彷彿這只是某種活動的彩排，在這種氛圍下跑步，多麼怪異。除了這一點，這是真實的比賽。

比賽進入五分鐘，卡姆沃羅跑在第二名。原本緊跟的隊伍開始拉開。競爭者相較於落隊者。他的步伐平穩、大步。這是他一直在等待的那一天。他在固定式自行車上所有的心跳。他在那些泥土路、上山、在高海拔地區的所有心跳。所有這些心跳，都讓他的願景成真。

當卡姆沃羅向前奔跑時，他繼續追著年輕的羅內克斯．基普魯托（Rhonex Kipruto）。比賽進行到一半，競爭逐漸升級。卡姆沃羅躋身前三名，與其他選手陸續拉開。追趕者有十人，然後是七人，然後是六人，現在只有三人。卡姆沃羅取得了領先。廣播員大聲喊出他的名字，聲音響徹整個運動場。他示意身後的兩個人跑在前面，輪到他們了，他不會是領跑的「兔子」。他們一起合作，一起努力，直到各自努力的時刻，他們這樣進行了一陣子。

然後剩兩圈。卡姆沃羅重新取得領先，就是這樣。

鐘聲響，最後一圈。卡姆沃羅排名第一，緊跟其後的是基普魯托。還剩下兩百公尺，然後是一百公尺。

卡姆沃羅一邊繼續衝刺，一邊用右手敬禮。最後一百公尺，他繼續衝刺，並繼續衝刺直到衝過終點線，他的臉上立刻綻放出燦爛的笑容。第一名，成績是二十七分一秒〇六，超過奧運標準二十七秒。他向空中揮拳慶祝。

這就是那個為什麼。

m t a k a   c h a   u v u n g u n i   s h a r t i   a i n a m e

沒有辛勞，就沒有成功

without labor, nothing prospers

——追趕

通常，是在同一個時間，也就是清晨五點五十分，當世界的眼睛用焦橙色和桃紅色的光線打開時。如果有人能品嘗日出前的味道，那該是細膩且甜美的，某種像新鮮蜂窩一樣的東西。

而此時，她的雙腳已經觸地，準備參與她夢想的另一個部分。她每天醒來時，都遵循這個想法。她的心靈說服她的身體再跑一分鐘、再跑一公里，跑到大汗淋漓。

她必須再做一次。一次，再次，又一次。

彷彿她的肌肉、肺和心臟正泵過一個很長的方程式。這一切帶領她距離自己的夢想更近一步，而且會更近。

這會使她的肌肉紅腫和疲倦，因為她不斷說服自己相信她可以做到——讓她的夢想成真。

××××××

費絲・基皮耶貢一五七・五公分、四十五公斤的身材看起來似乎不構成威脅，尤其是她臉上經常掛著燦爛的笑容。這種發自內心的快樂、無壓力的表情，只有肯亞的陽光、潔淨的空氣和卡普塔加特寧靜的環境裡才能產生。

基皮耶貢今年二十七歲，雖然年輕，但在這項運動中經驗豐富。或者更確切地說，已經開花結果了。如果人們不夠了解的話，以為她只是一個經常跑步的女子。但如果人們知道多一點，會知道她不僅僅是一位經常跑步的女子。十多年來，她一直保有競爭力。領獎台最高的那個位置，對她而言是一個熟悉的地方。從這個意義上說，當她的兩腳站在起跑線後面時，她便默默地構成了威脅。集速度與耐力於一身的嬌小身材。如果你經常贏，仍然被認為是有競爭力的嗎？是和誰競爭？自己？

基皮耶貢的咖啡色雙眼反映出這個女人擁有的雷射聚焦能力，是只有努力成為最優秀的菁英運動員身上才會有的。她沒有偏離自己的跑道。她的日常生活節奏必然是單調的：醒來，跑步，進食，休息，跑步，進食，休息，關燈。又一天，又一周，又一個月，又一年。這對身體還是對大腦來說比較累？無論如何，這種專注讓人們明白，勝利——最高等級的勝利——並非海市蜃樓。這是一個真實的願景，非常真實。

如果一個人能夠達到這殊異的菁英階段，在最高潮之前還有很多事需要完成。當然，基皮耶貢的高潮是二〇二一年八月六日的奧運決賽。但在此之前的先決條件，是二〇二一年六月十七日肯亞奧運女子一千五百公尺選拔賽的日子。前兩名衝過終點線的運動員只要達到資格標準，就自動獲得東京奧運參賽的一席位置。

這場比賽在一個星期四舉行。基皮耶貢在這裡，準備安靜現身，測試她心靈與身體之間的關係，兩者必須和諧地連結在一起。很少人能掌握這種微妙的平衡，她可以。

她的名字以白色大寫字母印在無袖運動衣上別著的號碼布上，似乎具有某種象徵意義。她的名字是「信仰」（Faith，音譯為「費絲」），而她確實有信仰。

除了無名指塗的是天藍色指甲油，其餘每個手指都塗上了紅色的指甲油，為她眼前的這項嚴肅的任務增添了一絲女性氣息——要讓她連續第三次入選奧運代表隊。這位女性是一位運動員，這位運動員是一位女性，一個人可以兼而有之；她兩者都是。

通常，基皮耶貢穿短版背心比賽。但今天，她的運動衣長到可以遮蓋腹部的妊娠紋，這微妙地暗示這位運動員也是一位母親，這位母親是一位運動員，一個人可以兼而有之；她兩者都是。

槍聲響了，她的雙腿起跑了。衝啊，衝啊，衝吧，衝去迎接她的命運。這是一個很少人能理解的時刻，非常非常少。

跑四圈後可以看出比賽接下來的走向。她是否能在十三名參賽者中進入前兩名？當她跑在前頭時，答案很快就出現了。時鐘就像一個數字化的心跳，在基皮耶貢跳出她對「她有前兩名嗎？」這個問題的答案時，跳出一個個的數字。

是的，事實上，她確實有前兩名。從鳴槍後就領先。最後一圈也保持領先，跑在溫妮．切貝特（Winny Chebet）之前。首先衝過終點彩帶。她的成績是四分二秒一〇。她贏了——而且在肯亞奧運代表隊中占有一席。

媒體將她這場比賽形容是「輕鬆」的勝利，「輕鬆」是關鍵字。

她的身體和心靈都通過了第一次大考驗。另一項重大考驗將在幾個星期後，距離家鄉數千公里之外的另一個洲進行。當人生高潮到來時，她準備好了嗎？

她還會有那樣的人生巔峰嗎？

在夢裡，他穿著黑、紅、綠三種顏色的運動服登上飛往東京奧運的班機。黑色代表肯亞共和國的人民，紅色是紀念肯亞爭取獨立的奮鬥，綠色是象徵肯亞鬱鬱蔥蔥的風景。這三種顏色是肯亞國旗的顏色，還有一個馬賽人盾牌，防禦的標誌，直印在國旗中央，與兩條白線垂直，白色是和平的顏色。

卡姆沃羅在夢中有幸穿上三色運動服，代表自己的國家參加奧運，就像桑過去在一九八八年和一九九二年兩度參加奧運，那是在卡姆沃羅出生之前。這個夢繼續著，卡姆沃羅抵達日本首都，參加一場不同以往的奧運，這屆奧運充滿了健康限制和規範，不像桑還是參賽運動員時所體驗的，運動員們在奧運村裡好奇地來往穿梭。

儘管這屆奧運以前所未有的方式進行，但至少奧運會仍舉行了，因此卡姆沃羅有機會參加二〇二一年七月三十日星期五晚上七點舉行的男子一萬公尺決賽。這將是一個展現他東山再起的時刻，不僅是在他發生意外與復健之後，也是五年前他在里約第一次參加奧運，在一萬公尺賽獲得第十一名之後。

與里約奧運時年輕的自己相比，這些年的歲月和那次意外，已經讓卡姆沃羅成熟了。現在，他再次站上起跑線。在夢裡，他以完美的節奏、大步且優雅的步伐奔跑。他的表情堅毅，眼神專注地凝視著前方。一切順理成章，彷彿他的身心都安排好了。就像肯亞奧運選拔賽上他獲勝時的過程一樣。在夢中，他在奧運第一跑道領先。他的心裡有著一個從青少年時期就開始的夢想，那就是有一天他會成為最高舞台上的冠軍。他的雙腿迎接這個希望，這是事情應該如何展開的樣子。

但這場夢卻戛然而止。

七月的某一天，卡姆沃羅醒來後接到一則消息。他的右腳蹠骨骨折。「我想這是發生在速度訓練的時候。我做了很多訓練，速度很快，蹠骨承受了很大的壓力。」他推斷，接下來是四個星期的休息。

夢裡他很健康。他的身體並不是因為他對這項運動的必要投入而受到懲罰。

這消息來到之際，肯亞的天空正在哭泣。七月的大雨似乎反映了卡姆沃羅的失望，這不是事情應該展開的樣子，夢想不應該讓你心碎。

「我必須從田徑場獲得一枚奧運獎牌，」他在幾個月前的春天時說：「在我完全轉入馬拉松比賽之前，任何一面獎牌都可以……隨之而來的總是對家庭、社區和社會有益。」

基普喬蓋解釋說，這就像漣漪效應。「社群將會像看待金牌得主一樣的看待自己。人們將開始積極思考，獲得動力。『村子裡的這個人能贏，而且他只是這裡的人。』」這樣的心態會變成：我們也可以在其他的事情上表現出色。「這讓人們想在人生中更努力。」基普喬蓋說。

卡姆沃羅在六月底就打了第二劑的 AZ 疫苗，也拿到 COVID-19 疫苗接種證明。邏輯上，他已經準備好了。心理上，他也已經準備好了。儘管持續的傾盆大雨妨礙了他備戰奧運，但他還是為日本之行做好了準備。他說，降雨持續為訓練帶來困難。在柏油路上跑步的次數超出了他的預期，但仍在他的控管中。

在聽到這個消息之前，人們可能會把這個故事想成一則扣人心弦的童話故事：菁英運動員遭遇到可怕的意外；急診室、手術、縫線；拐杖，一步，再一步；能走路，慢慢地；然後能跑步，慢慢地；然後能快跑，然後跑得更快，最後晉升到稀有的菁英階層。他被賜予充足的時間準備奧運，他在肯亞選拔賽中獲勝，成功重返巔峰，在奧運代表隊中獲得人人覬覦的一席。

「只要高度專注，你就可以做到。儘管你正經歷挑戰，或者你的國家正經歷挑戰，每個人都正經歷挑戰，但這不能阻礙你達成你的標的，也不能阻礙你實現你的目標。」卡姆沃羅在一個星期半前，當他照道理要出發前往東京奧運時這麼說。

照道理。

有時童話故事看起來美好到無法成真，因為現實的確如此。也許在平行宇宙中，故事會有更好的結局。但在這個維度上卻不然，這個故事被暫停了。準備好參賽了。或者至少，這是他在宣布退出奧運的九天前說的話。只靠很輕的釘鞋來承受他快速跳躍的步伐的重量，在東京的跑道上跑二十五圈，並不符合他的最佳利益。

為什麼這個目標要在非自願的情況下被攔截呢？他被迫帶著失望的心情坐著。「我別無選擇，這超出了我的控制範圍。我必須接受。」他說。

因此，卡姆沃羅不會和他的隊友基普喬蓋及基皮耶貢一樣登上飛往日本的班機，他將不再享有在奧運上穿著肯亞引人注目的黑、紅、綠隊服的特權，並為自己「來自肯亞」——這個培養了一些世界上最優秀跑步人才的國家——的聲譽做出貢獻，基普喬蓋稱這個消息是一大震撼。「在我的腦海裡，我其實想像著卡姆沃羅在奧運上贏得金牌。」他說。

七月三十日，也就是奧運男子一萬公尺決賽日，卡姆沃羅從行事曆上劃掉了這個行程。卡姆沃羅原本應該在奧運上發光發熱的時刻，他將在千里之外的另一個大陸的螢幕上觀看。這是一項心理創傷，用「我會變得更強壯」這句話來包紮。

倘若他的身體是健康的會怎樣？倘若他在東京參賽會怎樣？一面獎牌，一面金牌的夢想會實現嗎？

倘若。

「傷病是運動的一部分。你永遠不知道訓練期間會發生什麼，」他說：「如果你不接受這種情況，你可能沒有足夠的信心重新站起來。」

他是如此接近，如此地近。現在他會怎樣？他接下來要往哪裡？

向前，他說。去抓下一根樹枝。

東京，從一九六四年至二〇二一年

威爾遜．基普魯古特（Wilson Kiprugut）的下巴留著一把白色山羊鬍。他的嘴唇慢慢地動著，就像他的兩隻腳一樣；現在這位八十三歲的老人要靠拐杖才能保持平衡。他年輕時的黑色短髮已不復見，當時的深棕色眼睛比現在大很多。他的視力和握筆能力都在持續衰退，但他的大腦還很清楚。當基普魯古特回溯五十七年前，那段他參加一九六四年東京奧運的記憶時，他的聲音輕柔而愉悅。

他還記得自己在體育場的選手通道裡等著與另外七名男子一起踏上起跑線參加八百公尺決賽前，還有心情開玩笑；當他站在領獎台，笑容燦爛時，國家體育場內的觀眾爆出「肯亞！肯亞！」的呼喊聲，他記得脖子上掛著輕柔絲帶，絲帶下方垂著輕輕的獎牌的感覺。

剛脫離英國獨立僅十個月的肯亞派出了國王非洲步槍隊（King's African

Rifiles，現為肯亞國防軍的前身）隊員基普魯古特參加八百公尺賽。那次是肯亞第三次參加奧運。前兩次，肯亞無緣得到獎牌，無法登上領獎台。基普魯古特準備改變這個沒有獎牌的國家的故事。

他從他出生和長大的地方凱里喬大老遠來到東京，凱里喬位於東非大裂谷西部懸崖上的茂森林（Mau Forest）邊緣。這個地區綠意盎然，有大片的翠綠色玉米田，最有名的是這裡一排排整齊的茶園，風景如畫，看起來像世外桃源。

基普魯古特是七個兄弟姐妹之一，他在就讀卡普特貝斯韋特小學（Kaptebeswet Primary School）小學時就開始跑步，並在西托韋特中學（Sitotwet Intermediate School）繼續參加體育活動。不過，跑步主要是因為必要而做的事——早上去學校單程五公里；下午回程又五公里。一九五八年，當他參加坦尚尼亞東非錦標賽八百公尺賽時，他的才華被國王非洲步槍隊發掘。

之後，基普魯古特加入了軍隊，與其他軍隊成員一起接受田徑運動員的訓練，同時努力晉升為高級中士。一九六二年，基普魯古特成為肯亞×四四〇碼（約四百公尺）接力賽的隊員，在澳洲伯斯舉行的「大英帝國和英聯邦運動會」上首次登上洲際比賽，並獲得第五名。

基普魯古特借用了後來成為朋友的競爭對手的訓練理念，使自己的運動能力更加成熟。他在其他軍官的指導下補足了他的準備。當基普魯古特獲得參加東京比賽的機會時，他說：「我知道我會得到一些好成績。」甚至在奈洛比登上飛往日本的班機之前，他的直覺和信心就很強烈。

他輕鬆地從熱身賽中以一分四十七秒八的成績從排位賽中脫穎而出，讓他更證明這一點。後來他又以更快的成績一分四十六秒〇一闖入準決賽，並晉級決賽。儘管基普魯古特從未與其他七位從預賽中晉級的選手（六場第一輪賽和三場準決賽）中的任何一位同場比賽過，但當他在一九六四年十月十六日決賽當天醒來時，就感覺到自己已經做好了充分的準備。基普魯古特記得自己當時心想：「我有兩條腿，他們也有兩條腿。我可以的。」

這場比賽是當屆奧運的七項男子田徑比賽項目之一，在東京國立競技場舉行。身穿三八六號碼布的基普魯古特與紐西蘭衛冕冠軍彼得・斯內爾（Peter Snell）、加拿大選手比爾・克羅瑟斯（Bill Crothers）和牙買加選手喬治・科爾（George Kerr）並肩站著。

這幾位選手在喧鬧的觀眾面前以蹲踞式起跑，兩條腿立即全速衝刺。基普魯古特一馬當先。比賽熱門選手斯內爾的領先計畫因被攔阻在跑道上而受挫。

到第二圈時，斯內爾已取得領先位置。基普魯古特記得科爾的手肘撞到他的胸部。然後科爾絆倒了，稍微打亂了基普魯古特的節奏。不過，基普魯古特從這場小意外中恢復過來，並繼續換檔加速。

在第二圈後面的直線跑道上，斯內爾全力發揮他標誌性的強勁步伐（事實上，他如此用力，以至於五天後，當斯內爾贏得一千五百公尺金牌時，隊友約翰・戴維斯〔John Davies〕就親眼看見他的腳印深深踩進煤渣跑道）。斯內爾的爆發速度使他超前排名第二和第三的克羅瑟斯和基普魯古特達三公尺。基普魯古特還記得聽到觀眾群裡爆出歡呼聲，為他的國家吶喊。他的努力使他衝過最後衝刺段，以一分四十五秒九的成績衝過終點線，獲得第三名。這一刻終結了肯亞在奧運榜上無名的歷史，銅牌是一項勝利。

當肯亞國旗首次在奧運會場上升起時，基普魯古特站在領獎台上，他笑著將雙手舉過頭頂，做出合十的動作。

當基普魯古特的班機降落在恩姆巴卡西機場（Embakasi Airport，現為喬莫・甘耶達國際機場）時，他被十幾名印度人（當年肯亞奧運曲棍球隊成員）抬起，他們把他們的英雄從飛機上帶到機場休息室，然後帶到巴士上——他們每個人都穿著西裝外套、有領子的襯衫、打上領帶，搭配休閒褲。當基普魯古特被抬上他們的肩膀上時，他咧嘴笑了。

基普魯古特登上領獎台之後，肯亞連續在幾屆奧運會共囊獲上百面獎牌，其中包括四年後基普魯古特在墨西哥城獲得的銀牌——是當年非洲國家中最多的。這次當桑抵達日本參加東京奧運時，也將是他首次參加奧運的三十三周年。當然，桑也為肯亞的獎牌做出了貢獻，在銀牌的類別。多年來，他的運動員也是如此。在東京奧運會上，他們的目標是繼續奪牌。

× × × × × ×

二〇二一年七月二十三日星期五晚上，在東京一個溫暖的夜晚，代表二〇六個國家和地區的運動員在第三十二屆奧林匹克運動會開幕式上列隊遊行。東京市政府發布該市處於緊急狀態，並將持續整個奧運會期間。

根據《華盛頓郵報》報導，儘管比原定計畫晚了一年，但奧運會的名稱仍為

「二〇二〇東京奧運」，而且是迄今為止最昂貴的夏季奧運會，這則報導指出，日本政府審計人員估計至少花費二五〇億美元（相較之下，根據《富比士》報導，二〇一六年里約奧運的支出為一三七億美元，二〇一二年倫敦奧運的支出約為一五〇億美元）。

東京是亞洲唯一舉辦過兩次夏季奧運的城市。* 一九六四年首次舉辦時，日本迎接來自將近一百個國家的五千多名運動員，十九歲的大學跑步運動員坂井義則擔任最後一位聖火傳遞者。坂井生於一九四五年八月六日，即原子彈在廣島爆炸的那一天，他被選中是為了向受難者致敬。一九六四年十月十日，當他點燃聖火台時，被認為是那屆奧運會最戲劇性的時刻之一，不僅標誌著第十八屆奧林匹克運動會的正式開始，也向世人呼籲世界和平。

新版本的東京奧運則充滿了緊張氣氛。《舊金山紀事報》（*The San Francisco*

* 原註：北京也舉辦過兩次奧運，但一次是夏季奧運，一次是冬季奧運。

Chronicle）的頭條上寫著「東京奧運不應該在二〇二一年新冠疫情的長期陰影下舉行」；《衛報》則出現「日本護士對新冠危機期間召募志工表示憤怒」。二〇二一年四月底，主辦單位表示，所有運動員將每天接受一次COVID-19檢測（而不是之前規定的每四天一次），作為因應措施的一部分，希望將病毒散播風險降至最低，讓比賽順利進行。

東京奧運的主辦單位也面臨高溫的問題。夏季期間，日平均氣溫高達攝氏二十八度，七月和八月可達攝氏三十一度。這幾個月的濕度在七十三%到七十七%之間。空氣中的水分過多也會使身體更難降溫。東京奧運期間的炎熱天氣促使國際奧委會於二〇一九年十月宣布，女子和男子馬拉松比賽將在距離東京以北八百公里遠的札幌舉行，那裡八月初的氣溫通常比日本首都低攝氏五到七度。

東奧賽會防疫手冊中概述了夏季奧運會的COVID-19對策和要求，其中列出詳細的規範，例如：用餐時要與他人保持兩公尺遠；抵達日本後的前十四天內不得搭乘公共交通工具；強制佩戴口罩，運動員必須每天接受病毒檢測，但並未強制要求每位運動員都必須接種疫苗才能參賽。七月二十三日至八月八日期間，國際和國內觀眾都被禁止前往東京體育館和國立競技場觀看奧運。

人群是奧運會氣氛的重要因素。想像一下，你為你的生涯巔峰做好萬全準備，卻得在幾乎空蕩蕩的體育場上展現自己。情況不應該是這樣。但實際情況就是如此。

在參加東京奧運的一一四二〇名選手中，肯亞派出了八十五名選手，其中代表田徑和馬拉松的運動員就有三十八名，包括基皮耶貢和基普喬蓋，以及訓練營的其他成員。海文．基揚將參加女子障礙賽，羅傑斯．奎莫伊（Rodgers Kwemoi）將參加男子一萬公尺賽。

從東京新宿區國立競技場頂部看到的，就像俄羅斯方塊的像素化單色圖樣。可容納六萬八千人的座位大多是空的，然而在正常情況下——不是疫情大流行的情況——這個空間裡應該會擠滿觀眾，爭睹全世界最頂尖的田徑運動員競技。諷刺的是，在這個世界上最大的都會，作為奧運田徑比賽大舞台的珍貴場地，卻如此反常地被迫安靜。

女子一千五百公尺決賽少了喧鬧的配樂集合來自世界各地過五關斬六將的選手到起跑線上，似乎不太真實。這個比賽項目的預賽於八月二日舉行，共有四十五名選手參加三場預賽。兩天後，即八月四日，準決賽時共有二十六名選手參賽。現在只有十三名女子選手在決賽中對決。

賽跑就像人生一樣，挑戰一關又一關。下一個關鍵挑戰是基皮耶貢和兩屆世界冠軍席芳・哈珊（Sifan Hassan）之間的對決，哈珊出生於衣索比亞，破天荒一口氣代表荷蘭參加三項比賽：一千五百公尺、五千公尺和一萬公尺。英國紀錄保持人蘿拉・繆爾（Laura Muir）也有望獲得銅牌，她在五年前的里約奧運名列該項比賽的第七名，且在二〇一九年世界錦標賽上得到第五名的成績，一位評論員指出：「她有獲得銅牌的實力」。但銅牌是一種不同光彩的勝利。

廣播一一介紹每位參賽者。基皮耶貢是最後一位被唱名的，就在新加冕的五千公尺奧運金牌得主哈珊走過體育館內的選手通道，到達起跑線之前。這幾年來，她們兩人的排名你來我往。哈珊於二〇一九年多哈世錦賽上擊敗基皮耶貢。基皮耶貢在奧運會前的最後一場比賽，即在摩納哥舉行的鑽石聯賽中，超越了哈珊。基皮耶貢的世界領先成績為三分五十一秒〇七，也創下了肯亞的國家紀錄，兩人都是百年難得一遇的運動員。

基皮耶貢腰部的兩側都貼有數字十。她站在第七跑道，在哈珊旁邊上下跳著。這場決賽實際上被定位成兩場比賽合成一場的比賽。基皮耶貢和哈珊一組，如他們所說的「那兩個人」——以及其他人與其他人之間的對抗。

基皮耶貢在胸前畫十字，祈求上帝同在。祈願這位身為母親的女性、身為運動員的母親，在她衝刺出去證明自己是奧運藍絲帶項目之一的女子一千五百公尺比賽中的佼佼者時，能受到庇佑。

這是一個很少人能體會的時刻。一位奧運衛冕冠軍正面對想贏過她的競爭對手的挑戰，而她試圖證明自己仍在王座上。

啪。

起跑槍發出的一聲脆響，發出「衝！現在！」的訊號。而她們確實這麼做了。那兩人——基皮耶貢和哈珊——跑在後面一會兒，便衝到了前面。

第一圈，哈珊—基皮耶貢。差半步。衛冕的世界冠軍哈珊希望盡早主導這場比賽。

第二圈，哈珊—基皮耶貢，兩分七秒跑完半程。

再等等。

一長列的競爭選手距離拉開了。哈珊、基皮耶貢和繆爾一組，依此順序。身體很黏，氣溫大約攝氏三十度。她們的表現似乎絲毫沒有受到潮濕和炎熱的影響。

第三圈，哈珊—基皮耶貢並肩而行，她們是真正的小麥。

第四圈，鐘聲響了，是最後一圈，也是決定性的時刻。這兩個人跑在一起。但過了兩百公尺後，基皮耶貢改變了劇情。當她跑過彎道時，她拉開了距離，她的鞋釘敲擊著跑道。隨著她繼續衝刺，她和哈珊之間的差距越來越大。彷彿她被磁鐵向前拉，她的步伐大而有節奏，她正在接近她夢想的另一部分，接近變成更近，離最後衝刺越來越近了。她高舉左拳，然後雙腳踩過第一跑道，時間是三分五十三秒一一。

多麼具有象徵意義。

就這樣，身為運動員的母親也是奧運冠軍——也是新的奧運紀錄保持者。基皮耶貢的成績重新設定了一個維持了三十三年的紀錄，而且她成為自一九七六年和一九八〇年蘇聯選手塔季揚娜．卡贊金娜（Tatyana Kazankina）以來，第一位連續兩屆贏得奧運金牌的女性。

繆爾在一秒鐘後獲得銀牌，哈珊再一秒後獲得銅牌。

基皮耶貢跪下來，將臉貼在地上，同時激動地用手拍著跑道。在五年前的里約，情況相似，但又不同。當時她也贏了，她作為勝利者衝過終點線時，心裡沒有想到女兒；不像此時此刻，她首先想到的就是她的孩子。

基皮耶貢從地上站起來，搖搖頭表示「不可思議」。但是，是的，這是真的。這一切都是非常真實的。她親吻手指，然後向幾乎空無一人的體育場揮手致意。

一個輝煌的時刻。

一個安靜而輝煌的時刻。

一個安靜而輝煌的時刻，成為她職業生涯的精采部分。

一個安靜而輝煌的時刻，成為桑這一年的精采部分。

驕傲是他立即想到的字眼，在基皮耶貢從跑道邊接住一面肯亞國旗後不久，他就發了一則訊息。

多少個清晨，她的雙腳在黑暗中踩踏在地，在日出前醒來，準備為這安靜、輝煌的時刻進行另一輪的努力。在卡普塔加特訓練營有多少個日子，與丈夫和女兒分隔兩地。為了這個安靜而輝煌的時刻，這是必要的犧牲。為了訓練她的心靈來面對這個安靜而輝煌的時刻，有多少次高海拔讓她上氣不接下氣。有多少次桑多次大喊「嘿，超級巨星！」，他咯咯地笑著，但他對這個暱稱卻很真誠。

「過去，每當一位女士結婚時，體育活動就會被置之腦後。」桑說。有丈夫和家人在背後支持她、相信她，讓她每星期在訓練營生活六天，由其他人照料她——如在教練團和管理層中，與她營友在一起的時間，超過與她家人同在的時間——「這需要很多的理解。」

「當妳有了孩子並且成為母親時，就會有期望。孩子有期望，丈夫、社群都會有期望。我非常信任基皮耶貢。妳必須有自己的委婉方式來安撫家人。」桑繼續說。

他說，基皮耶貢證明了女性是潛力無窮的。

她將肯亞國旗像斗篷一樣披在身上，雙臂舉過頭頂，臉上洋溢著笑容。千里之外，女兒看見了。全世界的女性都在螢幕上看見了。

這就是她的為什麼。

跑道線的另一邊

桑於一九九二年巴塞隆納奧運會上獲得的銀牌放在他的家裡，某個地方。「我想它在保險箱裡。」他說。他在一九八八年首次參加的韓國漢城奧運會上沒有拿到獎牌，那屆奧運有蘇聯運動員參加，當時蘇聯還沒解體，冷戰尚未結束，那是一屆既令人興奮又充滿緊張氣氛的奧運。

並非所有國家的奧委會都參加漢城奧運（那屆奧運共有北韓及古巴、衣索比亞和尼加拉瓜等國退出比賽）。「我對那些事情的關心，超過對我個人成績的關注，」桑回憶道：「當時整個情勢是很緊繃的。」那次奧運應該是當時為止，規模最大的奧運。根據媒體報道，韓國政府為了那場奧運花費了大約三十一億美元，其中包括漢江的清理費用。對這座當時世界第五大的城市來說，這是一個向全世界展現的絕佳機會。田徑項目被認為是與籃球、體操和游泳並列的奧運最吸引觀眾的運動項目之一。

根據賽前預測，蘇聯、美國和東德將會是奧運獎牌的大贏家。那是美國短跑最轟動的年代，例如一百公尺和兩百公尺的世界紀錄保持人佛羅倫絲・葛瑞菲絲・喬伊納（Florence Griffith Joyner，綽號「花蝴蝶」）；傑姬・喬伊納—克西（Jackie Joyner-Kersee），被認為是史上最偉大的七項全能運動員；卡爾・劉易士（Carl Lewis）是有史以來獲得最多榮譽的短跑運動員之一，也是一位偉大的運動員（在他的職業生涯結束時，他共囊獲九面奧運金牌）。確實，田徑是一項值得關注的運動。

開幕式於九月十七日在奧林匹克體育場舉行，距離男子障礙賽開始還有九天，比賽分為三場預賽、兩場準決賽和最後的決賽。在參賽名單中的三十三名選手中，* 二十六人將進入準決賽。九月三十日星期五舉行的決賽中，選手人數將減至十三人。

桑和肯亞同胞朱利亞斯・卡里烏基在一起，卡里烏基已參加過一次奧運。他在四年前參加了洛杉磯奧運，並獲得第七名。彼得・科赫也在其中。他當時還不是這項賽事的世界紀錄保持人，他打破紀錄的時間是在一年後，即一九八九年的事。這是肯亞為維護該國在這場運動會的聲譽而派出的運動員。經過幾屆奧運後，肯亞已逐漸占據了障礙賽的主導地位，最先在一九六八年，阿摩斯·比沃特首次奪冠，基普·凱諾於一九七二年奪冠；之後，朱利亞斯·柯里爾（Julius Korir）於一九八四年在洛杉磯奧運奪冠。

穿上肯亞的國家色運動服，就是桑的動力。他對這些奧運的記憶，主要是他很開心能參與這場盛會。「真的，這就是最基本的。我很高興能代表我的國家，」桑說：「整個氣氛非常棒。韓國人不遺餘力地讓大家都很滿意。」

桑的奧運之旅是從資格賽的第三輪開始。他贏了，晉級到準決賽；他參加第一場準決賽，成績是第四名。每場準決賽的前三名可以晉級決賽。決賽會有十三名選手，桑和另外十二名選手一起參加了決賽。

比賽開始後，他在剩下三圈時企圖與義大利人亞歷山卓·蘭布魯斯基尼

……

＊ 原註：起跑名單上有三十三名選手（三十名列入排名，一名取消資格，兩名未起跑。）

……

（Alessandro Lambruschini）並肩前進。桑的隊友卡里烏基和科赫在剩下兩圈時加速，幾乎沒有受到任何挑戰。卡里烏基全力衝刺，並打破了奧運紀錄。科赫落後一秒，兩人登上領獎台上的冠亞軍，桑最終獲得第七名。誠然，獲得獎牌並不是他當時的目標。「我應該考慮更上一層樓，」三十三年後他回憶道：「當然，那是不可能的，競爭太激烈了。他們跑出的時間很快。」他補充說：「我沒有任何遺憾。」

漢城奧運後，他的目標改變了。

四年後，參加巴塞隆納奧運時，桑有一個不同的目標。這一次，在西班牙，他希望有機會登上領獎台。「我成長了，真正理解了當中的賭注。我明白這才是有價值的。這是運動產業活躍的原因。這才是贊助商會關注的。」桑說。

他身為隊長的領導角色，後來影響了他在全球運動傳播訓練營的教練方式。擔任領導角色對自己來說，是很好的一堂課。他說，當你需要管理其他人的時候，你就要多花一點腦力。

在訓練營裡，他喜歡讓那些「與頂尖運動員相差甚遠」的人，擔任領導工作，用以作為個人成長的一種方式。「有趣的是，這些被任命領導工作的人，他們都利用這個機會將自己推向了另一個層次了。」

×××××

桑和他的協力團隊，包括助理教練米托和物理治療師彼得．恩杜伊（Peter Nduhui），在八月八日比賽結束前幾天先抵達日本。札幌還是東京？東京還是札幌？桑無法同時出現在兩個地方，因此他最後選擇在首都以北八百公里的地方，觀看男子和女子馬拉松賽。當他到達札幌，以及整個訪問日本期間，他並沒有與任何人進行太多互動，並沒有機會。

這次奧運的經驗是……不一樣的。與五年前的里約奧運和其他歷屆他以教練身分參加的奧運——例如二〇〇八年的北京奧運——相比，他記得，北京奧運時，中國以人工降雨的形式進行了氣象工程，將雨區引開，並降低高污染的程度。

在一九九二年巴塞隆納奧運上，至少國際觀眾可以現場觀看比賽，就像桑的大學教練布雷克伍德。當肯亞橫掃獎牌，桑跑完勝利圈時，他聽到布雷克伍德從看台上喊著他的名字。

布雷克伍德事先連繫了桑，讓桑知道他會出現在看台上。「我在跑道底那邊，」布雷克伍德回憶，在比里爾、桑和穆特沃爾（Mutwol）分別獲得第一、第二和第三名後，「他們都來到我這裡。周圍的人都以為我是他們這三個人的教練。」他笑著說：「我的妻子有一台相機。她開始哭了，錯過了我和三個肯亞人的照片！」

布雷克伍德回憶說，桑獲得獎牌後，他回到看台上，和他的大學教練一起坐了「很長很長一段時間」。「我們不得不移到（座位）的盡頭，因為很多人過來要他的簽名，我覺得這有點酷。」

布雷克伍德認為桑有機會拿到障礙賽冠軍，「他在越過最後一個欄架時非常謹慎，」他回憶看到的情景，「後來他告訴我，他（在奧運比賽時）心裡掛念著一件事，因為有一年在美國大學體育協會（NCAA）比賽中，他在水坑跌了一跤。他在前一年獲得第二名。我們在障礙賽上得到了十四分，以兩分之差丟掉了那次的冠軍。（當他參加奧運時）他心裡想著這件事……我認為這可能讓他輸掉了比賽。我不確定，很難說發生了什麼事。」

儘管如此，桑談到他在巴塞隆納的經歷時說：「那對我來說是一個值得驕傲的時刻，對那位給我機會走上這條路的人來說也是如此。」

對比今日，桑此時站在線的另一邊，支持著走上這條路的選手們。

「當我的運動員參加比賽時，那種感覺就會回來，」他指的是腎上腺素和興奮感。身為教練，「當你參加比賽時，會有一種特別的緊張感。你會以一種特殊的方式感受到壓力，但這是一種正面的壓力，這是比賽的一部分。」

這場奧運比賽中的緊張氣氛尤其獨特。在札幌，警察在酒店周圍排成一列，他們無處不在。據一位歐洲奧運馬拉松選手說，他們不能離開特定的區域，否則很快就會受到警衛的關照。

在奧運馬拉松賽的前幾天，運動員不得進入附近的真駒內公園進行訓練。相反地，他們只能在真駒內體育場及其周邊的九百公尺環線內跑步。

「我不想責怪日本人。這是（奧運）不應該發生的事情，他們被迫如此。」桑說。

這時期日本的新冠肺炎感染率仍在飆升，儘管主辦單位已努力減少外國觀眾，他們可以透過在非正常看電視的時間觀看電視轉播，間接體驗奧運。非正常看電視時間是因為日本與其他地方的大幅時差，例如日本比美國東部早十四小時，比美國西岸早十七小時，比歐洲大部分地區早八小時，比東非早六小時。

二〇二一年八月八日星期日上午，「我們將見證歷史，」一位評論員在賽前說道：「基普喬蓋將進行他個人簡歷上未完成的一件事。」

未完成的一件事，指的是衛冕男子馬拉松冠軍。如果基普喬蓋成功了，他將成為史上第三位完成這項非凡壯舉的人。他將與衣索比亞人阿貝貝·比基拉（Abebe Bikila，一九六〇、一九六四）和東德的瓦爾德馬·切爾平斯基（Waldemar Cierpinski，一九七六、一九八〇）齊名。

高人氣的重擔：棄牌或乘勝追擊。

「把自己當成最厲害的人，」桑在二〇〇三年的一次訓練中告訴基普喬蓋，「我還記得，這句話在我的大腦裡很清晰。」基普喬蓋說。

「從那天起，我真的把自己視為在訓練和比賽中最厲害的人。當你站在起跑線上時，你想要競爭。你應該真的告訴你的大腦，你正在與高手雲集的馬拉松選手競爭，但我是訓練最好的，他們根本不可能打敗我。這就是如何把自己當成最厲害的人。」基普喬蓋說。

基普喬蓋必須擊敗其他一〇五名選手——包括同胞阿莫斯．基普魯托（Amos Kipruto）和勞倫斯．切羅諾（Lawrence Cherono）——才能獲勝。而且他必須在惡劣的條件下成功。酷熱會是一個比較坦白的字眼。

比賽當天，札幌陽光燦爛，早上七點氣溫已經攝氏二十六度，濕度高達八十%。他們站上起跑線之前，就可以看到運動員們穿著涼感背心走來走去。當天的天氣條件令人擔憂，濕度會大大影響身體的自我冷卻能力，因為當濕度較高時，水分會在皮膚上停留較長的時間，使人感覺更熱。儘管天氣惡劣，運動員仍必須接受這種情況。沒有人想要一個DNF的標籤，DNF是「did not finish」的縮寫，即未完賽。所以他們每個人都準備好測試運氣了。

幸運的是，這條馬拉松路線很平坦。它從大通公園開始，沿著市中心的道路。至少部分路段是在陰影下，這是在炎熱天氣下跑四十二公里又一九五公尺時必要的細節。

馬拉松本來就是一場與身體的較量。無論在內部還是外部，這趟路程都是不可預測的。就像一場棋奕比賽，需要腦力，但更多的是體力。有句話說，比賽時，大腦先走，身體就跟著走。桑多次強調這一點，思想和身體必須有連結。一位選手可能是最有經驗的跑者，卻未能獲勝。

主角基普喬蓋的運動背心背後面別上二七七六的號碼，正面寫著「KIPCHOGE」，他已經準備好奔跑，跟著跑在他前面努力要通過同樣磨練的其他同胞的腳步。塞繆爾．萬吉魯（Samuel Wanjiru）曾在二〇〇八年北京男子馬拉松比賽中締造奧運紀錄。萬吉魯是奧運馬拉松項目裡，除了基普喬蓋之外，唯一一位獲得金牌的肯亞人。基普喬蓋是該國史上的第二位馬拉松金牌得主。

比賽開始時，基普喬蓋被夾在幾位戴白色帽子的男子選手中間，白色帽為他們遮擋烈日，基普喬蓋已準備好測試他是否能重覆五年前在里約的佳績。

與這位世界紀錄保持人和奧運冠軍並肩到底是什麼感覺？他和他們一樣：為了一個共同的目標出現在這裡，競賽。但與他們不同的是，他是全世界都期待要獲勝的人。誰會出來攔截？

這些選手從起跑線開始起跑，很快就塞滿了街道。十多年來，基普喬蓋的職業生涯在多種訓練中一直是世界級的佼佼者，但他仍然是最領先的人。奧運馬拉松賽中沒有配速員協助他和其他參賽者到達終點。與其他比賽不同的是，這場比賽不一定要跑得快，重要的是要能登上領獎台，這場比賽是為了獲勝。舉例來說：基普喬蓋在二〇一六年里約奧運奪得馬拉松冠軍時，時間兩小時八分四十四秒，是他完成馬拉松的生涯中最慢的成績。

哥倫比亞選手傑森．亞歷山大．蘇亞雷斯（Jeison Alexander Suarez）的成績剛進兩小時十一分，他一開始就定下基調，跑在領先群前，看起來一心要掌控這場比賽。基普喬蓋從補給站抓了一瓶水，從脖子往下沖，快速讓他的皮膚沖一下涼水。炎熱的天氣對身體來說是殘酷的，補給站的角色特別重要。

基普喬蓋跑完五公里，與二十多人跑在領先群裡。氣溫上升了一度。為了照顧運動員的健康，男子和女子馬拉松比賽被特別移到東京北邊的札幌舉行，但諷刺的是，札幌正遇到熱浪。然而，儘管氣溫令人窒息，場邊還是擠滿了觀眾，這在東京是被禁止的。

比賽開始不到三十分鐘，好幾位備受矚目的選手就在攝氏二十六度的高溫下開始失常。桑曾經指導過、也上過領獎台的前奧運馬拉松冠軍——烏干達知名選手史蒂芬．基普羅蒂奇停下來用走的。衣索比亞名將舒拉．基塔塔停下來在跑道一側緊握他的右肌鍵，最終退出比賽。坦尚尼亞的紀錄保持人加布里埃爾．吉伊（Gabriel Geay）也從領先群落後了。

「我們將在這場比賽中看到大量傷兵。」一位評論員說。

當氣溫升高時，有些運動員會做出一些完全不正常的事情：停下來，嘗試恢復鎮定，然後繼續跑。無論付出什麼代價，他們都要留在比賽中，保留某種形式的榮譽，不枉他們歷經千辛萬苦來到這裡——對大多數的參與者來說，這是一生一次的機會。

比賽進行到第三十五分鐘時，另一位衣索比亞選手阿勒穆．貝克勒（Alemu Bekele）在跑道一側停下來，之後決定慢跑回到比賽中。場上許多選手仍在繼續苦撐。

「那是慢跑，根本不是跑步。」一位評論員這樣評價基普羅蒂奇，他再次退到路邊停下來一陣子，別說登上領獎台了，這些選手只是努力堅持下去。

這時基普喬蓋的狀況還很好。他在一個熟悉的位置，在前面，奔跑著，沒有浪費任何動作。領先群在十五公里處就開始拉開了。有一度，他還與來自巴西的跑者丹尼爾．多．納西門托（Daniel do Nascimento）相互擊掌。

比賽進行到一半時，基普喬蓋名列第二，僅落後第一名〇．〇二秒。這其實微不足道。他看起來仍然很放鬆。他仍然心裡想著預期的時間兩小時十分。

在一小時二十分時，基普喬蓋錯過了飲水站。無論他是否擔心，他的臉上都沒有顯露出任何情緒。就在幾分鐘之前，他已掌握了大局。一位評論員描述說，他繼續前進，「注入了節奏」。

里約奧運銅牌得主美國選手蓋倫．魯普（Galen Rupp）一直保持領先。基普喬蓋來了，一個從未想過另一種生活方式的人，儘管他完全可以負擔得起。這是一個堅持自己的根的人。謙卑的領導者，往前衝。真正的小麥，表裡如一的特質。

當領先群到達三十公里時，很可能會出現「後段加速」，意味後半程比賽比前半程跑得更快。

比賽進行到一小時四十三分時，基普喬蓋有了動作。觀眾看到歷史正在創造。他脫離了領先群，獨自向前奔跑。鏡頭轉向他的特寫鏡頭，他的臉上露出一絲微笑。

距離終點還有十公里，他的領先優勢擴大到了五秒，兩位肯亞選手落在領先組的後面。比賽已經從跟著基普喬蓋，變成追上他，如果你可以的話。但他們很可能無法。相反地，這場戰鬥變成銀牌和銅牌之爭。

在三公里內，基普喬蓋已領先「第一追趕集團」七十公尺，這四名選手將爭奪領獎台剩下的兩個位置。代表荷蘭隊，出生於索馬利亞的阿卜迪．納吉耶（Abdi Nageeye）和基普喬蓋的隊友之一切羅諾也在其中。

當基普喬蓋衝過跑道兩邊圍欄滿出的觀眾時，連續的掌聲響起。他的領先優勢擴大到了一百公尺。他的腳步加快了。這五公里的分段速度是十四分二十八秒。十四分二十八秒，還剩七公里。這樣的速度，對許多跑者來說，就是跑那段距離的人生目標。在馬拉松比賽的最後一程能跑出這樣的速度，簡直令人難以置信。

基普喬蓋的領先優勢擴大到一分三十秒了。他在那裡，獨自一人奔跑。他從路邊抓起一個水瓶，從脖子往下倒。當他到達四十二公里時，看起來還能繼續跑更遠。

僅剩一百九十五公尺。他開始向兩邊的人群揮手，也向他們豎起大拇指。他微笑著跑過終點線，一群攝影師瘋狂地按下相機。

基普喬蓋在終點等待，納吉耶獲得第二名，索馬利亞出生的比利時人巴什爾．阿卜迪（Bashir Abdi）緊隨其後。這兩人都在途中超越了基普喬蓋的隊友切羅諾。在一〇六名參賽者裡，有三十人在這次比賽中間退出了。

基普喬蓋多年前同意轉換的跑步距離，至今仍然對他有利。「它教會了我克制，」他說：「和堅持。」

同樣地，馬拉松教會了他「真的胸懷大志」，他說。

基普喬蓋的勝利是桑在二〇二一年的另一個精采時刻。「當你看到有人相信自己所做的事，並且他們做得如此出色，實在太令人驚喜了，」桑談到基普喬蓋時說道：「這對你自己來說也是一條學習曲線，有一個信念是很好的。」

桑在描述觀看基普喬蓋比賽的感受時，用了「很有壓力」這個詞。但桑也很驕傲，他不用這個形容詞，但從他的語氣中就可以明顯看出來。

——恆動

「他的什麼特質，能把你們最好的一面挖掘出來？」肯亞記者傑夫．科伊南格（Jeff Koinange）在桑的得意門生基皮耶貢和基普喬蓋於東京奧運會上獲得金牌後，在電視上向他們提出了這個問題。

基普喬蓋安靜地思考了一陣子這個關於桑的問題。「桑和其他教練實際上有什麼區別……」他開始說：「差別在於如何管理天分、如何發掘天分、如何辨識天分。而最重要的是，如何使這名運動員成為一個人。在我們的訓練營裡，我們想成為最好的運動員。同時，我們也想成為一個有人性的人。」

社交教練，人生教練，體育教練。基普喬蓋說：「要找到一個有這種能力的人真的很難。」

對於皇家跑者（Running Royals，指基皮耶貢和基普喬蓋）來說，回國後一直很忙碌，對桑來說也是如此。時鐘繼續滴答走著。桑回到訓練營，一切回到平常的作息。秋季賽就快開始，其中包括馬拉松這項運動最受歡迎的賽事之一——柏林馬拉松。「我永遠不會厭倦柏林，」桑說。除了高水準的組織和各方的大力支持之外，這個賽道還具有特殊的意義。二〇一八年，基普喬蓋在這個德國首都打破了馬拉松的世界紀錄，桑的運動員對這條賽道也不陌生。

二〇二一年柏林馬拉松，肯亞只派出了部分的高手比賽。基普喬蓋因為剛成功衛冕奧運冠軍而缺席，他的訓練夥伴約斯法特・博伊特（Josphat Boit）前來參賽。

距離柏林馬拉松賽還有十天，比賽準備已如火如荼進行中。賽道各處均貼有標示，指示九月二十六日這個神聖的星期日不可在哪些地方停車。因為疫情而中斷一年後，大約有三萬五千名跑者將在整個城市狂奔。

柏林被認為是世界上最快的主要馬拉松賽道，對於誰會先跑完這條賽道，愈來愈緊張懸疑。換言之，誰能成功追上基普喬蓋在二〇一八年創下的兩小時一分四十一秒的世界紀錄？當時博伊特是他身邊最後一位配速員。

這條路的起點海拔三十八公尺，最高點海拔五十三公尺，與博伊特這樣習慣的卡普塔加特兩千四百公尺的高海拔相比，顯得小巫見大巫。博伊特將與其他十幾位新秀競爭，其中包括衣索比亞名將肯尼薩．貝克勒，他是場上最快的參賽者，他在二〇一九年柏林馬拉松的成績，僅比基普喬蓋的世界紀錄落後幾秒。

類似的事實並沒有使博伊特怯步。二〇一八年，這位肯亞人為基普喬蓋的四十二．一公里配速了二十五公里。博伊特當時二十三歲，只是這位謙遜的頭條人物旁邊的一個註腳。博伊特在二〇一八年四月義大利馬焦雷湖半程馬拉松（Lago Maggiore Half Marathon）跑出五十九分十九秒的成績後，同意擔任柏林馬拉松的配速員。他稱那個賽季是他的巔峰之年。他是在那之前的幾個月加入了全球運動傳播訓練營，讓他在運動方面進步不少。

有時，博伊特不敢相信自己正在實現他的夢想——他有幸加入了他所稱的「只有大人物」的同一個訓練營。

「你知道，一個無名小卒能加入某個較大的訓練營是很少見的。我甚至不相信我已經加入了。」博伊特說。早在二〇一五年，當他受雇於警察部隊時，他就懷疑到底自己是否會有機會。他說，他不是一個認真的跑者。當時還不是。

二〇一五年，博伊特是一名受訓中的警官，加入了警察部隊的田徑隊。他很快就適應了晨跑三十公里以上，以及每星期兩次的速度訓練。這是作為職業跑者生活的小菜。二〇一七年，情況有了轉變，當時他在奈洛比參加了「國家警察局田徑錦標賽」的五千公尺賽。贏了這場比賽後，他當時的教練鼓勵他去加入全球運動傳播訓練營。

博伊特在被訓練營接受之前，他就聽聞桑多年來培養了許多成功的運動員：奧運障礙賽冠軍魯本·科斯吉（Reuben Kosgei）和布里明·基普魯托（Brimin Kipruto）；五千公尺世界冠軍理查·利莫（Richard Limo）；還有贏得三場大型馬拉松（柏林、芝加哥和倫敦）的菲利克斯·利莫（Felix Limo）。這個名單很長。不過，身為局內人，博伊特深深地體會到能接受桑的指導，確實是多麼難得的機會。

「桑教練是一個非常安靜的人，」博伊特說：「有時候，如果他想告訴你什麼，他不會直接告訴你。他會說一些話，要你去消化一下。」

博伊特說，他是一個希望大腦一直在動的人，想快一點。「我想，他正在努力讓你對每件事做好準備，為人生做好準備。」

「教練喜歡你一個人獨立。有些其他教練會一直跟著你。但他會說：『你知道是什麼讓你來到這裡的，你知道你在這裡做什麼。你已經長這麼大，我不會跟著你，你做你該做的事。』」

然而，三年前，桑來到了柏林。二〇一八年九月十六日上午，有件特別的事正要發生。淡藍色的天空點綴著奶油般的捲積雲；攝氏十三度——不太熱，也不太冷。這是穿上跑鞋，跑一場馬拉松的完美日子。

沒有人——包括賽事總監馬克．麥爾德，甚至少數世界頂尖長跑運動員，尤其是柏林賽道兩旁的一百萬名觀眾——知道接下來的兩小時、一分和三十九秒會怎麼發展。即使是那個準備好的人也不知道。但桑知道。

他就是知道。

曾在二〇一四年打破賽道紀錄的前冠軍肯亞人丹尼斯．基梅托，形容柏林馬拉松是「全世界最好的（馬拉松）」。年復一年，這場比賽吸引了全球不少頂尖的長跑運動員。

二〇一八年是基普喬蓋第四次參加柏林馬拉松。起跑槍響的那一刻，幾位配速員包圍了他。當基普喬蓋開始跑過這座城市時，桑在一旁看著。

在這場比賽之前，基普喬蓋的訓練計畫並沒有進行太多調整。桑補充的只是一點額外的物理治療和更多的肌力訓練。他承認，他在比賽前對基普喬蓋的表現感到滿意，並確信他已經準備好追趕——不是追趕其他人，而是他自己，那個在白色背心後面別上一號號碼布的人。

基普喬蓋以二十九分二十一秒跑完前十公里。到了十五公里處，三名配速員中有兩人退出。大約二十五公里時，最後一位配速員博伊特放手，留下基普喬蓋獨自挑戰剩下的十七公里。

距離著名的布蘭登堡門（柏林圍牆倒塌後，它成為象徵團結和自由的標誌性地標）三百公尺時，這場比賽成了基普喬蓋的個人賽。一輛領先的寶馬汽車緊隨其後，上面有個數位時鐘跳著數字。

「他一定夢想過這個時刻。他一定在腦海中想過這些景象。」一位體育解說員說。

時鐘跳著數字到了兩小時一分〇五秒。還剩下五十公尺。人群愈聚愈多。

「我耳朵裡傳來音樂。」基普喬蓋後來承認。他的臉上綻開了笑容。他笑了，也許是因為世界紀錄即將屬於他。

而在兩小時一分三十九秒後，確實如此。比基梅托於二〇一四年在該賽道上創下前一個世界紀錄（兩小時兩分五十七秒）快了一分多鐘。「很感謝。」基普喬蓋後來談及他的成就時說。在此刻之前，他承認自己只是想跑出個人最佳成績。這被形容為馬拉松史上最偉大的成績。

基普喬蓋衝過終點線後，用雙手拍著他的頭，臉上露出燦爛的笑容。興高采烈。他跑去讓桑用雙手迎接他，桑激動地把基普喬蓋抱高，兩人緊緊地擁抱在一起。

桑全身抖了一下。他想起基普喬蓋還是青少年時來見他。他說，基普喬蓋在柏林創造這項世界紀錄之前，他從來沒有想過，那天在南迪郡，當他熱切地央求桑時，他本來可以輕易地把這位年輕的跑者趕走。

「假設我跟他說，『走開，』」桑沉思道：「不管是不是命運，我沒有把他趕走……假設我當時拒絕了呢？」

加油

他隨時可以退出。
當他的肌肉繃緊，使身體變得麻木難受時。
當他的肺吸不足空氣時。
當他的腳抽筋，整個緊繃時。
他隨時可以退出。
當腳上的水泡膨脹，摩擦引起刺痛時。
當他的身體與他的思想有衝突時。
他隨時可以退出。
當他的競爭對手領先，速度無法相比時。
當終點線似乎拉長時。

當最後一公里比其他公里更痛苦時。
他隨時可以退出。
當他的雙腿開始失去戰鬥力時。
當他的目標消失在視線之外。
他隨時可以退出。
但他繼續前進。

在阿姆斯特丹的韋斯特考得時尚酒店（WestCord Fashion Hotel）三一一號房間內，拉邦·柯里爾躺在床上，閉著眼睛禱告。他的腦海浮現一個想法，他正在思考一個數字。讓我成為最頂尖的人之一。

為了參加阿姆斯特丹馬拉松，他所進行的數不清小時和周數的準備，將使他成為體育界的一個統計數據。但是在體育之外的世界裡，柯里爾很重視達成這個數字時所學到的價值觀。除了運動員之外，你是誰？這是桑間接指導他思考的問題。

二〇二一年十月十六日星期六，比賽前一天，柯里爾靜靜地等待早喚電話鈴聲，再次拾起腳步。他娓娓訴說自己在這條賽道上的比賽經歷，例如二〇一一年獲得第二名，以及二〇一六年取得馬拉松個人最佳成績（兩小時五分五十四秒）。外在表現是內在追求的結果。對於他這次的努力，柯里爾希望能跑進兩小時四分。

柯里爾提前兩天抵達，先在空中飛行了十個小時——埃爾多雷特到奈洛比、到巴黎、到阿姆斯特丹。從卡普塔加特的高海拔地區飛往海平面以下的荷蘭首都，這段旅程就像讓他的肺部得到了一次休息——直到他與訓練夥伴強納森．柯里爾和厄立特里亞選手默哈威．凱斯特（Merhawi Kesete）一同站在起跑線；他們也來到這裡，要證明一些事。

賽前，桑給他的運動員發一則簡訊：「聰明地跑。」這到底是什麼意思，就由每位運動員自己決定。「當他告訴你一些事情時，你必須思考，」柯里爾談到桑時說：「這句話的意思是什麼？有時很難理解。」

「這就是我，」桑說。他用比喻的對話來說話：「你知道，當你用比喻的方式說話時，你迫使人們注意聽。比喻有更深的意義。我可能在一百個人前面對著一位運動員說話，但其他人會聽到我所說的話裡有故事。而訊息只會傳遞給對的人。」

「他讓我思考」——就連基普喬蓋也承認。只要聽桑和他的運動員交談，就能了解他的想法。「他們還可能跟你說，我是一個非常難相處的人，」桑笑著說。

柯里爾花了一些時間才適應，並迎頭趕上。他在二〇一一年十二月加入全球運動傳播訓練營之前就認識桑了。柯里爾是訓練時段的常客，雖然他獨自住在訓練營外。沉默、嚴肅是他對桑的第一印象。「我非常怕他，」柯里爾說，他懷疑他自己是否屬於菁英中的菁英。「我當時是一個小青少年加入一個大團隊，」他回憶說：「我很害羞。」柯里爾花了一段時間才長成自己，而且相信他只有在經歷了迷宮般的努力後，才能贏得一席之地。

當柯里爾用他的話談到他的成長、低潮和貧困時，說到小時候父親去世的不幸。柯里爾的母親賣掉了家族在南迪山的土地，搬到萊索斯（Lessos）的科伊薩加特村（Koisagat），「去找其他可以提供幫忙的婆婆媽媽」，他談到母親搬家的動機。她去其他村莊四處借錢，這樣她就可以支付孩子們的學費，之後可以去其他地方生活。有時候，她自己忙就夠了，有時候柯里爾和他的兄弟姐妹也要一起幫忙。當錢用完時（這種情況經常發生），教育就變成輪流的。柯里爾幾次犧牲學業，長時間待在家裡，讓他的兄弟姊妹去上學。

柯里爾十七歲時，在一家小餐館找到了一份工作，他負責做薄餅、印度奶茶和被稱為「曼達茲」（Mandazi）的非洲甜甜圈。他從早上一直工作到晚上八點，每天的收入大概是五十先令（五十美分）。每個月一千五百先令（十五美元）的薪水，夠他維持溫飽。

曾有一位老師鼓勵柯里爾考慮參加比賽，當他不需要揉麵糰和煎麵糰時，他便跑去和朋友們一起訓練。儘管資源有限，他還是堅持跑步，例如去埃爾多雷特的基普喬蓋．凱諾體育場（Kipchoge Keino Stadium）參加地區運動會的一萬公尺賽。柯里爾赤腳跑出第四名，他的腳整個都黑了。

在三年的時間裡，他小心翼翼地節省每個月一千五百先令的一小部分，但他每天工作、工作、跑步、工作、工作、跑步的節奏，只有輕微的改變。二〇〇五年，柯里爾的收入剛好夠買一頭小牛和一台日本雅西卡（Yashica）相機（加起來相當於七十美元），相機是他從朋友那裡買的，這位朋友還教他如何使用。他不再做非洲甜甜圈了，而是走過村子裡的家家戶戶，為人們拍肖像，每張照片收費三十先令（三十美分），遇到假期時（例如聖誕節）生意比較好，有時柯里爾會受雇去拍婚禮。他的生意夠穩定，能持續幫助養家。

後來他在一位小學時認識的朋友建議下，搬到卡普塔加特發展自己的跑步生涯，攝影師的生活就結束了。「他要我去住訓練營外面，住他的房間。我以為那裡什麼都有。」柯里爾說。但那裡什麼也沒有，連給自己煮幾頓烏咖哩的一小袋玉米粉都沒有。

回家也不是一個選項。他在心裡想像了村裡的流言蜚語：他應付不了那些訓練。太弱了。這些想法本身就是柯里爾所需要的全部動力。更努力，和單純地努力，更努力當然比較強，所以「我一直在努力。」他說。

為了支付一千先令（十美元）的租金和購買食物，柯里爾再次在一家小餐館找到了一份工作，每天站著長達十二個小時，製作薄餅和曼達茲，而且每星期六天往返參加桑的訓練。他從來沒有透露自己的處境。

沒有人真正知道那些住在訓練營外面，每天早上來和桑的團隊一起訓練的人必須付出什麼代價，才能持續地出現。沒有人看到他們是如何努力賺錢，只夠餬口，讓他們可以每天醒來，追尋他們期望的未來。

「我知道有些人正在受苦，」柯里爾談到目前的運動員名單時說道。走在路上你就知道了，「你看那個人。你可以看他的臉。你看得出來。」培訓夥伴強納森說。你可以看出這是一個有困難的人。

覺察會發展成責任。是的，兩人同時毫不猶豫地說，他們有責任為減少另一個人的困難，做出自己能力所及的貢獻。「一位運動員協助我們達成我們現在的成就。」柯里爾說。訓練穿的衣服、鞋子、吃飯和房租的錢。柯里爾了解資源匱乏但想要讓自己更好的意志，對於那種感覺，他感同身受。他們都說是桑教他們如何把別人對自己的善意轉傳出去，這是人生中必要的一部分。

有時，桑會從訓練營外挑選一些持續出現並證明願意真正投入的跑者。「你結束後，來看看柯里爾。」桑在柯里爾飛往阿姆斯特丹的前幾個星期告訴他們。訓練營裡的資深跑者會被要求分享一些額外的東西，一件T恤、一件夾克、一雙鞋，以獎勵其他跑者的努力，雖然不是物質上的，但是同樣用心的。

當柯里爾前往參加比賽，他的首要任務是帶回訓練服裝和跑鞋。去阿姆斯特丹馬拉松的這趟旅行，他將會帶回幾個裝滿新跑步裝備的行李袋。「如果你和像桑這樣樂於助人的人在一起，你就會像他一樣。」他說。

「我非常尊敬那些努力付出的人，」桑說：「我會獎勵努力的人。當你獎勵努力的人，就是在鼓勵更多的人。」

桑的一位助理教練想要趕走一個訓練營外的人，「我告訴他不要這樣。不要把這個傢伙趕走。他沒有打擾你。他要在公路上跑步，關你什麼事？」桑說：「所以接下來，我買了一件超大號T恤。這傢伙身材很高大，我去了他住的村子，把那件衣服給了他，那傢伙太高興了。這傢伙一直很穩定。當他和一群人在一起時，你看不到他，但一年半前我就看到他了。他總是堅持不懈地完成訓練。我開始激勵他，給他一些小東西。在眾人面前肯定他。這個傢伙很努力。」

這些都是桑的大學教練布雷克伍德為他做的小事。當桑在加州大學洛杉磯分校的一場比賽中獲得NCAA資格時，「那傢伙哭了。」他說的是布雷克伍德。隨後，他買了一些生活用品給桑。

桑說，布雷克伍德教會了他做人的根本。「這就是為什麼我希望我的運動員成為一個有人性的人，而不（只）是運動員。」他說。

「運動員的生涯非常短暫，」桑繼續說：「如果你成為社會中一個有人性的人，你就可以長期為人類服務。」

當然，從成功的表現中賺錢，也能讓柯里爾擴大他的影響力。但爭奪金錢並不是目的。「當你準備比賽時，他告訴我們不要想著金錢，不要想著投資。」保持動機清楚。「首先你必須專注你的比賽，然後其他的事情就會水到渠成。甚至基普喬蓋也曾經告訴過我們這一點。」柯里爾說。

「我們通常會在一些課程中引進專業人士，」桑說：「我是透過與瑞士人的互動，才有機會認識財金相關的事，並了解金融世界。我們想讓運動員接觸瑞士的制度，這樣當他們遇到金錢時，至少你已經做了一些讓他們知道如何處理金錢的事。」過去，桑也曾想過在營地創辦一個投資俱樂部。

桑說，他經常看到運動員在從比賽中獲得任何收入之前，如何「玩火」——他們花掉了他們還沒有到手的錢，然後開始負債。

桑說：「金錢不能培養品格。」他補充說，個人要修練自己的品格。「當錢來的時候，它就像糖霜一樣。但必須先有蛋糕，而且蛋糕必須是你自己做的。」

補充另一個桑談到的人生道理：過簡單的生活。「我不會改變我的生活。我們訓練營裡的大多數人都一樣，」柯里爾在談到他的訓練夥伴在比賽中表現優異時說：「每個人都是平等的，這是他灌輸給我們的觀念。」

柯里爾為阿姆斯特丹馬拉松所做的禱告，後來並未得到回應。

他按照計畫展開他的馬拉松，比賽在老南區奧林匹克體育場外開始，起跑後，他跟著追趕組。天氣陰沉，氣溫為攝氏十二度，跑道很平坦，天氣條件非常適合發揮。

但賽跑的問題是，一位選手可以像其他人一樣在起跑線上做好準備，但他們的整體計畫還是可能付諸流水。馬拉松是一段不可預測的旅程。暫時性腹痛、脫水、股四頭肌緊繃、腿抽筋、胃痛、水泡；身體出狀況，步伐太快了、身體累了、肌肉極度酸痛；恍神。跑馬拉松是一門身體與心靈協調的藝術。正如桑所說，思緒走到哪裡，身體就跟到哪裡。

他親身體驗過比賽所需的精神和體能，尤其是在最高水準的比賽中，不僅是障礙賽，還包括馬拉松。桑也明白這條跑道上所需要費的力氣。他的腳步曾經踩踏在這裡，一九九九年十月，當時他也參加了阿姆斯特丹馬拉松。這是他當年參加的兩場馬拉松賽的第二場。那年春天，他參加了鹿特丹馬拉松，那是他第一次嘗試長距離比賽，成績為兩小時十五分。

一九九九年的阿姆斯特丹馬拉松，肯亞包辦了男子和女子冠軍，桑兩小時十四分的成績是他職業生涯參加的四場馬拉松（包括布拉格、米蘭和阿姆斯特丹兩次）中的個人最佳成績。

「馬拉松很累人，選手的精神耐力確實需要好好研究。」桑說。

柯里爾盡了全力奔跑，以兩小時七分五十五秒的成績完成比賽，總體排名第十七，在線上成績中排名在第二頁。他身穿七號號碼布，說這次努力表現不佳。「我原本期望自己會跑進兩小時四分。」他說。

在菁英中的菁英的世界裡，距離肯亞人泰特斯．埃基魯（Titus Ekiru）在五月米蘭馬拉松創下的兩小時兩分五十七秒的年世界領先紀錄，只差了幾分鐘。柯里爾以他兩小時七分的成績，在二〇二一年世界排名第一一六名。用「很競爭」來形容男子馬拉松最高階比賽的現實，還算委婉了。這一天對某些人來說是人生的一大成就，對他來說卻是令人失望的一天。順便一提，全世界的平均馬拉松成績是在四小時二十分到四小時三十分之間。

柯里爾回到飯店，回到自己的房間，回到床上，面無表情地躺在那裡。幾個星期的恢復後，他的身體將重新展開訓練過程。他將恢復另一個每星期一百六十公里的練習循環，好幾個月每天肌肉酸痛、乳酸堆積、大汗淋漓。他隨時可以退出。

但他會繼續前進。

權衡得失

有個小女嬰在哭，但她的母親卻不知道。相反地，這位母親正全神貫注於自己輕輕踩踏地面的腳步，她的目標是成為一位冠軍。

身為一名馬拉松成績為兩小時二十一分的肯亞母親是什麼感覺？對三十六歲的莎莉．契皮耶戈來說，要理解十四個月大的女兒布里安娜（Brianna）的需求，真是太難了。

要人餵她嗎？

要把她放下來小睡嗎？

要幫她換尿布嗎？

想被付予她生命的女人溫柔地抱一下嗎？

契皮耶戈的母親正在照顧嬰兒布里安娜。契皮耶戈每星期在訓練營生活六天，她的母親成了小嬰兒的主要照顧者。而她睡在訓練營的一張標準單人床，遠離喜歡像小無尾熊一樣趴在她肩膀上的小女嬰。在契皮耶戈的懷裡，布里安娜很安靜，笑得很甜。「她是個容易帶的孩子。」二〇二一年五月，契皮耶戈在卡普塔加特的家裡說，這裡距離訓練營十分鐘車程。

在這裡是一種不同的生活，契皮耶戈可以用雙臂摟住布里安娜，和她在陽光下一起玩耍，因她的大笑而大笑，因她的微笑而微笑，也可把她放躺下來睡覺。但同時契皮耶戈也知道，幾個月後她就要當個不同版本的媽媽。

契皮耶戈原諒了她必須的現實。是一種犧牲嗎？「是的。」肯亞的日常，像他們說的。一位在巔峰期的頂尖馬拉松運動員必須認識到遠離孩子進行訓練的必要性。至少，在這個訓練營裡的這位優秀運動員必須認識到這一點。

孩子九個月大時停止了哺餵母乳，因此契皮耶戈可以重返她的目標：二〇二二年初，一個可能獲得的馬拉松冠軍。雖然具體賽事尚未公開，但她將目光投向了三月六日星期日的東京馬拉松。距今天十月二十八日還有五個月的時間。當你的目標是訂定在兩小時二十分鐘內跑完四十二公里時，你的投入就不會停歇。當你的目標是獲勝時，你的投入就不會停歇。

那麼，想每天看著寶寶長大嗎？還是要體驗像她一樣，滑動手機相簿，看看小嬰孩甜美可愛的笑臉，但同時為她的未來努力，希望她的成長不需要重蹈妳童年的痛苦？

布里安娜開始說話了。「媽媽！」當契皮耶戈用視訊電話看看她，她會在電話裡叫出聲，「不是每天打電話。」契皮耶戈知道這樣可能會讓布里安娜覺得不安。看到媽媽，布里安娜笑著親吻手機螢幕。誰比較想誰？「我比較想她。她比較需要我。」契皮耶戈的聲音輕柔而且坦白。

事實上，契皮耶戈需要離開，才能集中她的能量和注意力。她簡單地說，在這個訓練營，運動員來到這裡是「因為紀律和使命」。契皮耶戈於二〇二一年八月搬回全球運動傳播訓練營，她一隻手就能數出目前住在這裡的女性運動員人數，五位。而男性運動員有三十幾位。契皮耶戈在努力奔向這項運動巔峰的路上並不孤單，但她是以一位母親的身分這樣做。營友基皮耶貢已經多次向自己、向訓練營的其他運動員、向她年幼的女兒以及世界各地的女性證明，成為母親並沒有使她的腳步變慢。雖然契皮耶戈參加的項目與基皮耶貢不同（前者是馬拉松，後者是一千五百公尺賽），但有像基皮耶貢這樣的冠軍在身邊，是給她的一劑強心針。

在訓練營能幫助契皮耶戈處理公私分離的問題，不僅是要與嬰兒布里安娜隔開，也要與她另外兩個孩子隔開：十四歲的布萊恩（Brian）和四歲的布里恩特（Brilliant）。他們三個都在距離七十公里外，車程兩小時。很自然地，當契皮耶戈和他們在一起的時候，他們三個孩子想要得到母親的關愛。如果她是住在家裡，她能想像長跑達四十公里後的情景——在她應該休息的時候，不斷有人來找她，要她餵食，要她陪他們玩。「這樣的話，訓練就變得沒用了。」她說。

訓練營是一個避風港，是讓她「安心」投入訓練的地方。自二〇〇六年起，她就斷斷續續地住在這裡，期間曾在日本待過十年。她喜歡這裡的環境，也喜歡向心靈導師基普喬蓋學習。「我選他。」就像訓練營中的每個人都會選擇一位他們想要接受指導的運動員。

「他都沒變。」她談到基普喬蓋時說，她從二〇〇三年就認識他了。

當契皮耶戈在產後努力恢復身材——和自信時，他告訴她：「莎莉，只要把自己想成是從傷勢中恢復就好。這兩者沒有差別。受傷的人要從他的傷口做心理療癒。現在妳要以這種方式進行心理療癒。兩者幾乎是一樣的。妳需要調整的只是妳的意念。」

「意念就是一切。」桑的一句話傳給了基普喬蓋，又傳給了契皮耶戈，契皮耶戈也說了這句話。她跑步時的沉默，說明了言語無法表達的意思。

十月的最後一個星期四，清晨五點三十九分，卡普塔加特漆黑空曠的道路上不再是一塊爛泥巴了。雨季暫歇，為訓練提供了更多的彈性，例如可以在泥土路上跑四十公里。一雙雙長腿穿上及膝的黑色短褲，腳上不是穿耐吉就是愛迪達跑鞋，為晨間訓練做好準備。

「你去哪兒了？」桑問一個穿著藍色愛迪達夾克的跑者：「我該看到你的時都沒看到你。」他發現這件事不禁笑了起來。

阿貝爾．庫魯伊（Abel Kurui）、維克多．楚莫和艾曼紐爾．穆泰（Emmanuel Mutai，曾經跑出兩小時三分的傢伙）一起擠在桑左邊十四人的那一群，另外有十四個人站在他的右邊。

「如果你沒有跑完，別想要跳進車裡。」助理教練理米托開玩笑說，桑也稱米托為「老闆」。

桑說到珍妮・魯古魯（Janet Ruguru），她四天前在巴黎第一次參加馬拉松，成績是兩小時二十七分。他評論說，看她一路跑在最前面的樣子，看起來好像以為自己會贏。她沒有聽進桑在賽前告訴每位運動員的話：「聰明地跑。」但跑出兩小時二十七分。很好，非常好。桑又從團隊中點名庫魯伊，請他到魯古魯面前。

「Police mwenzangu. Pongezi sana,」庫魯伊說，意思是：我的警察同事，恭喜。魯古魯和庫魯伊都是國家警察局的成員。

他咧嘴一笑，開始慢慢地鼓掌。每個人都加入了一、二、三的節奏。這些跑者中，大多數都是跑全馬的。即使身為長跑運動的佼佼者，讓馬拉松看起來好像很容易，但他們都知道事實並非如此。

他們的掌聲是一種語言，可以翻譯為「恭喜妳首次參加馬拉松賽。恭喜妳獲得第五名。」

時間來到上午六點十九分，正事開始了，這些運動員開始奔跑，所有人都朝著同一個方向，但分成三組。

契皮耶戈和她的配速員以及賈桂琳・切普科奇一起，切普科奇是一位留著短髮的年輕障礙賽選手，她持續跟循她的計畫。切普科奇在八月時晉級 U20 世界田徑錦標賽，比賽剛開始一圈後，她便如入無人之境，一人遙遙領先，並贏得了障礙賽冠軍。這場比賽是她當時個人最好的成績。這位明日之星今天將要跑二十公里，是契皮耶戈訓練量的一半。

附近的孩子們穿著綠色制服，內搭一件毛衣來抵禦清晨的寒冷，走在運動員練習跑步的同一條路上。有些人需要走三十分鐘，有些人需要走長達一小時。少數希望獲得獎學金的人故意與契皮耶戈反方向跑，以避免一直被超越。她的速度太快了，他們看不出眼前的這位女性跑者是國家的A級跑步運動員之一。截至二〇二二年十月，她的個人最佳成績是兩小時二十一分六秒，在歷年女子馬拉松最佳成績中排名第七十二位。

契皮耶戈的配速員一再將速度維持在每公里三分四十三秒。契皮耶戈可以獨自跑，但她很感激有人能不斷地為她的肺部加油、加油、再加油，甚至比海拔兩千四百公尺的高度對她的挑戰，帶來更多的好處。這位配速員是訓練營外的跑者。她付錢給他，表達對他的感謝，除了支付他的房屋租金，還有剩餘可以購買幾公斤玉米粉來製作烏咖哩，並搭配一道名為「sukuma wiki」的燉寬葉羽衣甘藍一起食用，「sukuma wiki」在斯瓦希里語的意思是「為一星期加油」，七天的晚餐。

六個月前，契皮耶戈的腦海裡一直想著分娩後要恢復「冠軍身材」的殘酷現實。「體型」與「冠軍體型」是不同的標準。冠軍體型是指體重四十五公斤，能夠持續用每英里（一．六公里）五分三十秒（或更快）的速度跑步。

契皮耶戈知道要怎麼做。她在生完第一胎後有時間學，那是她在日本生活和訓練時仰賴的計畫。她在第二胎後也採用過，在第三胎後又再次採用。這個計畫是這樣的：產後四個月，開始每天走路十公里。「走路，只能走路。」持續六星期，「每天，每天。」她說，這是讓身體為運動做好準備。然後，六星期後，開始法特雷克訓練（fartlek training，又譯「變速跑」）*，交替慢跑，然後走路，然後慢跑。這樣交替進行十五到二十公里（接近半程馬拉松）。但要「慢慢來，慢慢來。」

* 原註：Fartlek 是瑞典語術語，翻譯為「速度遊戲」。這是一種間歇訓練，包括連續短時間的高強度衝刺跑步。

布里安娜出生後，契皮耶戈睡很多。「我沒有出門，我沒洗衣服，我什麼也沒做，只是吃飯而已。」吃很多，長達六個月。小米粥是主食，產後增加的體重從她身上消失了。飲食方面沒有太大改變，只是心理的恢復，還有訓練。契皮耶戈承認，回到巔峰沒有捷徑，這是一條疲累而且壓力大的路。她回顧較早期的階段，「你想太多『我什麼時候能恢復？』了。」

「你會感到很疲勞，身體上和精神上都是。」這是過程的一部分，是某種犧牲？「是的。」

四肢疼痛。做完弓箭步、深蹲和帶著自由重量做健身操，四肢會開始抖。未鍛鍊的腹肌被仰臥起坐操練，向上、向上、更高、更高。還很疲累時，就要再重複一組訓練。甚至當最小的肌肉都像被常春藤纏住一樣酸痛時，還有另一組訓練要重複，然後另一組。

今天，當配速員跑到二十八公里時停下來，距離完整訓練還差十二公里時，契皮耶戈的心思在哪裡？配速員的膝蓋。他因為疼痛而停下來只是時間的問題。他跑步時上半身稍微向右傾斜，身體正在進行代償作用。濃濃的鼻涕黏在他的人中，他的眼睛在晨光中看起來幾乎是炭色，他的黑色襯衫上都是體臭。他爬進一輛支援車，車內瀰漫著努力的味道。

契皮耶戈繼續跑。她從一輛支援車的車窗接過一瓶四百八十公克的Maurten，把它喝下去。她沒有全部喝完，距離完整的馬拉松還差二．二五公里。最後的那十二公里，她面無表情。無論她是生氣還是失望，也許兩者都有，也許兩者都不是，她的雙腳總是以優雅的節奏踩在地表。當她開始跑步的時候，她沒有鞋子，但這並不妨礙她取得勝利的能力，赤腳獲勝是肯亞的這個地區年輕人的一種決心。

這就像基普喬蓋的口頭禪（一種國際的口號）：「人類無極限。」（No human is limited.）

契皮耶戈沿用了這句話。「這不僅限於一個人的運動生涯。它也可涵蓋每個地方的每個人，包括你人生中所做的每一件事。往前去，即使你在最底下，你也能找到回到最上面的路。」

kichwa juu

抬頭挺胸

keep yout head up

二〇二二年紐約馬拉松

桑第一次去紐約是在一九八四年的時候，他記得當時參觀了哈林區和世貿中心。高聳入雲的摩天大樓，城市的能量。他記得的是另一個世代的紐約，那時的紐約消費比今天親民，但也伴隨著強效古柯鹼和犯罪猖獗的街道。然而，那仍然是一個充滿活力的大都市，就如同現在一樣，是世界上最偉大的城市之一。

如今，這座城市已經整頓過了。街道更安全，紐約仍然蓬勃發展，提供廣泛的服務，從商業、藝術到體育。紐約在每年十一月的第一個星期天都會舉辦全世界最大的馬拉松比賽。有超過五萬人參與，通常要透過抽籤系統，或為慈善機構籌款才能參加，後者保證參與。但大會也邀請一定水準的跑者參加比賽。

這就是卡姆沃羅所認識的紐約。

卡姆沃羅曾和桑一起體驗這個紐約。二〇一九年，桑和卡姆沃羅飛往美國參加紐約馬拉松——這一趟是從奈洛比直飛甘迺迪機場的直飛航班，航程十五小時。卡姆沃羅提出要把它在商務艙的座位給桑，自己換去經濟艙的座位。「這些都是你們辛苦努力的果實，和我沒有關係。」桑告訴他：「不論是誰決定讓你搭商務艙，都是因為你對這次活動的貢獻所做出的評估。」

「這些是我希望運動員能理解的事情。」桑後來說。

卡姆沃羅曾經是值得升等至商務艙的珍貴貨物，但目前已不再享有此等待遇了。二〇二一年十一月七日星期日下午，他待在埃爾多雷特的家裡。他咖啡色的雙眼全程觀看他的同胞艾伯特．柯里爾（Albert Korir）在中央公園跑步的畫面。卡姆沃羅原本應該在紐約參加第五十屆紐約馬拉松的，但如今他參與這場比賽的方式，只能降級成在家裡看電視上的賽事轉播了。他原本今天想跑這場馬拉松。或者更確切地說，他想要贏得冠軍。

然而，卡姆沃羅如今所在的位置，比他二十七歲的同胞和相對擁擠的參賽隊伍早了八小時，參賽選手中包括這場比賽的人氣王衣索比亞選手肯尼薩．貝克勒。中斷一年後，史丹頓島（Staten Island）、布魯克林、曼哈頓、哈林區和布朗克斯區的街道上又擠滿了馬拉松迷，支持這項世界上最著名的體育賽事之一。

天際線、計程車、人孔蓋冒出的蒸氣。樹葉、橋梁、群眾。當卡姆沃羅想到這些細節時，他笑得更開了，與他在肯亞的世界相比，這些細節充滿了異國情調。肯亞只有牛、羊、玉米田、鐵色的泥土路。

「我知道的紐約是一座美麗的城市，」他說：「有獨特的能量。」

當他在腦海中回放二〇一九年在中央公園跑最後五百公尺時，他的聲音彷彿笑著。「沿著賽道掛著美麗的世界各國國旗，人群歡呼著，很激勵人心。」他說。

二〇一九年在紐約時，卡姆沃羅和柯里爾一起並肩站在起跑線上，但兩人的完賽時間相差二十三秒，那是卡姆沃羅的比賽。二〇一七年的紐約馬拉松冠軍，而且也是奧運選手轉任臨時評論員的莎蘭．弗拉納根（Shalane Flanagan）說，卡姆沃羅衝刺到終點的速度，看起來就像是「一場田徑比賽的最後衝刺」。他分別向跑道右邊和左邊的觀眾比出手指向天空的手勢時，咧嘴笑著，那是純粹的喜悅。

卡姆沃羅以兩小時八分十三秒的成績衝破了終點綵帶，並很快到了場邊，和他的心靈導師、朋友兼訓練夥伴基普喬蓋如兄弟般地擁抱在一起，露出燦爛的笑容。基普喬蓋可以體會到終點綵帶劃過胸口的感覺，這種感覺在世界馬拉松大滿貫賽中，每年只有六名男子獨享。

二〇一九年這次，卡姆沃羅第二度獲得紐約馬拉松冠軍，獲得了十萬美元的獎金，再額外加上跑進兩小時九分的一萬五千美元獎金。

倘若在二〇二一年這個秋天的周日，卡姆沃羅穿上他選擇的耐吉跑鞋，他選擇的比賽鞋，並在上午九點在攝氏五度的空氣中，站在史坦頓島的起跑線上，會是什麼情況呢？手臂會不會起雞皮疙瘩？他的心率是否會因緊張而加快，而他也許不會承認，甚至連對自己都不願意承認？

身為全世界最大馬拉松賽的兩屆冠軍，他無可避免地受到媒體、比賽主辦單位、贊助商以及那些知道如何正確為他的名字「KAMO-ROAR」發音的跑步愛好者的密切關注。

倘若他能參加這場比賽會怎樣呢？幾個月前，當他獨自坐在固定自行車上，反覆踩著踏板，使他的關節免受跑步時承受兩到三倍體重的壓力時，他的腦海中就設定了這個目標。

在男子菁英隊伍中，包括訓練夥伴奧古斯丁．喬格以及奧運馬拉松銀牌得主阿卜迪．納吉耶，誰能挑戰他？

倘若。

但卡姆沃羅是活在現在，而不是倘若。現在的計畫是修正後的計畫，即四個星期後的周日，十二月五日的瓦倫西亞馬拉松。瓦倫西亞是今年剩下的唯一選擇，他說。飛行時間是十三個半小時，中間只有短暫停留，這是卡姆沃羅對決卡姆沃羅。在經歷了從拐杖重回比賽選手的坎坷一年後，這將是一次迫切需要的狀態更新。十月初，他將參賽的消息在媒體上宣布了。肯亞《星報》（*The Star*）的標題是：「準備好帶領肯亞對瓦倫西亞的攻擊」。

雖然這場比賽沒有紐約馬拉松的高度聲望，但這條路線有利創造個人紀錄，是一條「菁英白金標籤公路賽」（Elite Platinum Label Road Race）。這場大型馬拉松約有兩萬三千人參與，其中有超過一百二十名男子選手在兩小時二十分內跑完四十二．一公里。卡姆沃羅在瓦倫西亞賽前的馬拉松個人最佳成績是兩小時六分十二秒，這是他二〇一二年在柏林首次參加長距離比賽時取得的成績。

西班牙「跑步之城」的體驗，和紐約馬拉松賽道上的喧鬧無法相比。但沒關係，因為無論他跑多遠，當他集中注意力時，他的耳朵什麼都聽不見。

對跑步的熱情，必須，自信。必須，決心。必須。這就是讓他經歷了又一個康復周期的原因。

此時此刻，卡姆沃羅的身體已經痊癒。在過去的六個星期裡，他每天的里程增加到三十公里：早上二十公里，晚上十公里，為參加瓦倫西亞馬拉松做好準備。現在，他的心已經繼續向前了。或者用他的話來說，「抓住一個更高的樹枝」，這與桑的哲學相呼應。

紐約馬拉松的前一天，卡姆沃羅在距離訓練營幾公里的自家農場喝茶放鬆，旁邊有幾頭慵懶的牛。這是一個輕鬆的星期六，早上跑步後，開車二十四公里前往埃爾多雷特，與妻子和五個不到八歲的孩子一起，共度不到四十八小時的時光。

當柯里爾奮力奔跑，距離世界另一端的紐約的終點線僅一步之遙時，埃爾多雷特的太陽已經要下山了。「我必須全神貫注，在瓦倫西亞取得出色的成績。」卡姆沃羅在觀看直播畫面時心裡這樣想。儘管房子裡很平靜，但他的思緒仍繼續奔跑。他的兩個大兒子手指著電視。

「Kwa nini haukimbii，」他們問。為什麼你沒有跑？

「兩年前我參加這場比賽，而且我贏了。」他說。他向他們展示掛在房子牆上一張他在二〇一九年馬拉松得到冠軍的照片，「四個星期後，我就要跑了，你們會在電視上看到我。」

——曲線向上

清晨六點〇六分，當三十七名跑者和陸續到的人圍在桑和他的工作人員周圍，一個背著一把大砍刀的男人從旁邊走過。他一定是正要前往某處田地，拿著非洲砍刀打算清出一塊地。這裡常看到的是更多的一群人；並非所有出現在這裡的人都是訓練營的跑者。「這裡百分之八十的人是我們順道幫忙的人。」任何一次的晨練，桑都可以這樣說。

這群人中有三名女性，她們的人數必定被男性人數遠遠超過；而且其中一人有聽力障礙。契皮耶戈穿著粉紅色長衫、黑色緊身褲和螢光綠色襪子來溫暖她細瘦的身體。訓練營的物理治療師彼得．恩杜伊戴著口罩，頭戴白帽，身穿背面印有「肯亞」字樣的黑色夾克，站在基普喬蓋和兩位柯里爾旁邊。雖然天氣還沒冷到可以看見哈氣時的白霧，但一名跑者還是穿上了適合冬天的外套，抵禦寒冷的氣溫。

靜脈分明且肌肉紮實的小腿，準備在懸崖上方的柏油路上進行四十公里長的朝聖路。星期四適合長距離跑步。

這是一場測試。這只是一場測試。

卡姆沃羅將只跑一半的距離，這是他為他二〇二一年的第一場馬拉松——瓦倫西亞馬拉松之前，逐步減少了跑步量。他已經為十天後的比賽準備好了。他的目標是贏得冠軍。後來他用一種經過通盤考量後的自信語氣，大聲說出這句話：「我準備好衝了。」

圍繞卡普塔加特風景優美的環狀路，因綿長起伏的山丘而恰如其分地被稱為「波士頓路線」，這條路絕對會讓你氣喘如牛，不僅因為人們跑在海拔兩千七百公尺時會加快心率，也因為環繞山谷鬱鬱蔥蔥的綠意會讓你驚豔不已。雖然這對眼睛來說是一份美麗的禮物，但它感覺就像是對身體精心策劃的攻擊——即使只用了六成的力氣，對於像柯里爾這樣的菁英來說，意味降速到每公里跑三分三十九秒（跑將近四十公里）。

清晨六點二十三分，這群跑者很快開始小跑。豐田廂型車駛離訓練營的藍色大門，在車輪軌跡後面，激起一陣塵土，先切進柏油路，然後沿著玉米田之間的土石路行駛。

早晨是安靜的，卻又充滿了動感。孩子們走路上學，沿路繞過一排牛群。一名男子騎著腳踏車，腳踏車後方掛著一個裝滿牛奶的鋼罐。這份工作對穿著超大號白襯衫和橘色耐吉短褲的一位跑者來說，可能會有些共鳴。在一個平行世界裡，如果情況不同，那會是基普喬蓋嗎？

他說，人生中，硬幣有兩面。

早在基普喬蓋成為兩屆奧運馬拉松冠軍和世界紀錄保持人之前，十幾歲的時候，他就每天騎腳踏車繞著家鄉一圈四十公里，將新鮮牛奶從自家農場運送到當地市場，每公升牛奶大約換到一美元。

傳說，有一天他的腳踏車在距離牛奶倉庫五公里的地方壞了。他跑到朋友家借了另一輛自行車，讓他可以繼續運送這些易壞的牛奶。

基普喬蓋此刻跑在一個映照出從前的自己的人旁邊，這是多麼諷刺。他的人生樣貌已經截然不同——在這裡優雅地衝刺，讓幾乎相當於馬拉松的訓練看似輕鬆。當他沿著散布石塊的泥土路上大步跑，之後再跑上平坦的柏油路時，他意志堅定，步調一致，目光堅定不移。

訓練夥伴們保證基普喬蓋永遠不會偏離自己的個性。這就是他，一個如此勤奮的人，除了出國出差之外，他沒有錯過任何一次訓練。無論他在哪裡，他的面目都是一樣的。桑說，基普喬蓋的在場，提高了訓練營的士氣。

也許是與生俱來的智慧，儘管在桑的指導下，層次也有所增加。但桑不可思議的洞察力和直覺的根源是什麼？

「我不知道，」桑說。他停了一下說：「我就是這樣的人。」

距離跑步終點還有兩公里，基普喬蓋和其他人開始加快步伐。他們有訓練的配速，也還有「基普喬蓋的配速」。只有另外兩人跟上——或者更確切地說，試圖從後面跟上。如果基普喬蓋感到疲倦、酸痛、覺得挑戰，他不會把它表現在臉上，也不會表現在他無瑕的體態上。

當他在卡普塔加特的四十公里處停下來時，他綻出了一絲笑容。今天，他鑽進了現場兩輛支援車中的一輛。除了評論這條路線很有挑戰性之外，他對今天跑步和跑步的話題大多沒什麼意見。「我讀到第十五頁了。」他說的是歐巴馬總統七百六十八頁的回憶錄《應許之地》（*A Promised Land*）。

一起創造歷史

「我們都哭了。」

我們就像老人一樣。像老婦人，像媽媽們，像父親們，像年輕的男孩和女孩，我們就像任何關注這件事的人一樣，尤其是在肯亞。

「埃爾多雷特有一大群人。那麼多黑人的頭在（一起），像柏油一樣。唯一的區別是它在移動。」桑笑著說。

二〇一九年十月十二日，在維也納，埃利烏德．基普喬蓋定義了自己和這項運動，因為他證明了許多人認為不可能的事情——在不到兩小時的時間內跑完一場馬拉松，那一刻意謂著什麼？如桑所說，那是整個世界哭泣的時刻。

那天是個星期六，一大早，桑在一個漆黑、有霧的清晨出門散步。「獨自一個人，我只是想要一個人靜靜地。」他說。有時他偏愛那樣。通常喜歡獨處。他說，雖然經常有採訪邀約，但他很少接受媒體採訪。身為一個自稱孤獨者的人，他享受孤獨。「我喜歡獨處。我沒問題。人們以為我瘋了。周末不忙的時候，我就待在家裡。從星期六到星期一，閱讀，休息。」

有時桑並不是一個人，但他也會感到孤單。諷刺的是，那些時刻通常是他周圍有人的時候，例如在訓練營時。「即使我和這些人在一起，我也感到孤獨。除了把我們凝聚在一起的事之外，還有什麼？」他說。

桑談到了一位密友，他來自肯亞，但擁有丹麥公民身分。「這個傢伙」，他是這樣稱呼他的，沒有指名道姓，他可以和他坐上一整天。兩人志趣相投，有私人的連結。訓練營則不同，用桑的話來說，訓練營比較少私人的連結，而比較是「一個傳遞的載具」，一種僅限於你所提供的服務的關係，一種專業的連結。

當桑繼續獨自前行，他的思緒到處遊走。不是關於此時此刻，他不想思考當下。因為「當你想到當下時，你就會分心。」他想了一下現在的環境，例如天氣，溫度剛剛低於攝氏十度。

在距離他此刻黑暗、霧濛濛的清晨獨自漫步的某個遠方，這個曾經向桑尋求訓練計畫的男孩，正在為他即將開始的偉大嘗試倒數：「英力士 1:59 挑戰賽」

（INEOS 1:59 Challenge），這是基普喬蓋第二次嘗試打破馬拉松的兩小時瓶頸。

而這個成為全世界矚目的男人的男孩，已經準備好了。

桑回憶道，他非常專注，想像一下這項挑戰的影響。「一切都在你的肩上，一切。而且你是唯一的一個。」桑談到基普喬蓋：「有時候你會想，我做的是對的嗎？」

是的，這是一個真實的想法。「當然，你不會告訴任何人，你也不想表現出你自己不太肯定，運動員可能會因此驚慌。」

一直以來，這傢伙的意念連桑也感到驚訝。「你如何量化一個強大的意念？」他大聲問這個問題，彷彿空氣會做出反應似的。

「我認為他一直都是這樣，」桑回憶起基普喬蓋的專注感：「我可以看到這個人進入了另一種模式，一種激活他的精神力量的額外模式。」桑談到了在維也納的那一天。

某些事物會激活你的感官，「這就像你一直在路上，而有一天，你決定買一輛車，你其實早就看過很多車了。眼睛是以某種方式被程式化的，你的眼睛因為決定買車，開始看見其他的東西。你的心開始傾聽以前沒有聽過的事，然後大腦開始調整。」桑一直都知道基普喬蓋的心理敏銳度，但並不像基普喬蓋那一天所表現出的那樣強大。

「這個傢伙的大腦很有趣，從我開始訓練他的那一刻起，他從來沒有問過任何有關訓練的問題。從來沒有。他來訓練就是為了訓練。」

二〇一七年，當基普喬蓋和桑第一次踏上嘗試在兩小時內跑完馬拉松的旅程，也就是耐吉的破二計畫時，「新聞發布後，社群媒體上出現了很多負面的評論。『這是不可能的。』一些科學家說，人類還需要七十五年才能接近這個目標。」桑回憶道：「人們有權發表自己的意見，我有什麼資格去和他們爭論？」

「基普喬蓋阻斷所有負面情緒並全心專注力量，令人難以置信。若是我，我就會受到影響。」桑說。

他繼續說：「確實，我們還沒有好好探索人類在做任何事的潛力方面，精神力量所能提供的貢獻。這是我仍在努力理解的一個領域。」

維也納的賽事在海拔一百六十五公尺的地方舉行，與含氧量較少的高海拔地區相比，在這裡可以跑得更快。英力士一小時五十九分挑戰賽共有四十一名配速員參與，他們輪流進出比賽，並被指示以V形隊形跑在基普喬蓋前面，以獲得最大的空氣動力學效果。他後面也有兩位配速員。這些人在把基普喬蓋順利送達終點的過程中，發揮了重要作用。*

當基普喬蓋在距離剩下兩百公尺的時候開始衝刺，他的臉上綻放出笑容，一邊用手指指左右兩側喧鬧的人群。桑上下跳著，雙臂高舉過頭頂。這是他唯一一次將自己視為比賽的一部分。在那裡，在終點線。

當基普喬蓋以一小時五十九分四十秒衝過終點線時，他捶打了胸口兩次。這一令人驚嘆的歷史壯舉，被描述為「登月時刻」，這是一項突破性的成就，很少有人認為會在這一個世代發生，或者有可能發生。值得注意的是，據主要轉播這場賽事的英國電視體育製作和媒體公司 Sunset+Vine 稱，基普喬蓋的英力士一小時五十九分挑戰賽在 YouTube 上共有四百九十萬的觀看次數，並吸引了超過五億電視觀眾。

由於專業配速員輪番上場，以及這場賽事不是公開比賽，基普喬蓋跑進兩小時的成績並未被視為正式的馬拉松世界紀錄。這個時間是一個象徵性的記錄，證明了人類的某項特質。正如基普喬蓋所說：「人類無極限。」儘管不算正式紀錄，桑還是帶領基普喬蓋取得了這項成就，他認為這既歸功於基普喬蓋的智力敏銳，也歸功於他的身體素質。「他向我確認了，精神力量勝過一切。」桑說。

「最好的競爭對手就是你自己，」基普喬蓋重複著教練在二〇〇二年時教給他的話：「尊重自己，當你站在起跑線上時，要知道你是接受最佳訓練的人。」你就是你最好的競爭對手。

「他吸收訊息的方式，他內化的方式，他執行訊息的方式，」桑說：「都讓我意識到，身為一個人，如果你很好地運用你的思想，我們通常能取得的成就，可能會多出百分之十，甚至二十。一直以來我都在教他，但現在有一個人在教我，思想可以取代一切。」

這位成為舉世矚目的男人的男孩，緊緊地擁抱了桑，雖然時間很短，因為他

＊原註：這些天才跑者包括：挪威兄弟雅各（Jakob）、菲利普（Filip）和亨里克·英格布里森（Henrik Ingebrigtsen，均為世界級的中長跑運動員）；希拉蕊·博爾（Hillary Bor），美國三千公尺障礙賽冠軍（亦為美國陸軍上士）；擅長五千公尺和一萬公尺的奧運選手村山紘太（這件賽事中唯一的日本配速員）；還有烏干達人雅各·基普利莫（Jacob Kiplimo），他在幾年前的里約奧運中，以十五歲的年齡參賽。

們的擁抱很快就被幾名配速員打斷，當基普喬蓋舉起肯亞國旗時，他們將他抬起來，高過他們的頭。

「在我看來，如果沒有桑，我不會取得現在的成績。我認為如果沒有他，我就不會像現在這樣跑步，也不會表現得很好。」基普喬蓋說。如果基普喬蓋是在另一位教練的帶領下，他不相信自己能順利轉換到馬拉松的跑道，他也不認為自己會打破任何馬拉松紀錄。「我真的很高興有這些指導，我對這一切感到很開心。」

基普喬蓋不知道該用什麼字眼來形容他的教練對他的意義。「我和桑在生活、運動、工作方面都有互動。當我真的把生活、運動和工作放在一個杯子裡，並試圖將它們混合在一起時，我找不到合適的詞來形容。」

埃利烏德．基普喬蓋正如他被人們所稱的，是世界的禮物。

但派翠克．桑也是。他是包裝這個禮物的人。

m v u m i l i v u h u l a m b i v u

有耐心的人才吃得到成熟的果子

a patient man eats a ripe fruit

——比賽準備就緒

二〇二一年十一月三十日星期二，傑佛瑞．卡姆沃羅在奈洛比的喬莫．甘耶達國際機場登上飛往歐洲的班機。他在巴黎的戴高樂機場等待轉機的時間是十三個小時，然後再飛往西班牙瓦倫西亞，他將在那裡參加馬拉松比賽，這是兩年的中斷後的第一場比賽。在無群眾的人行道上跑步的漫長朝聖之旅。這段飛行是輕鬆的部分。

八天前，卡姆沃羅慶祝了自己的生日。他的頭腦比二十九歲還要老，隨時準備好與現實合作。

「你必須接受，」他說。

「接受它發生的方式。」

它就如同一年半的重新啟動。黎明時分的獨自跑，粗心的摩托車騎士。昏厥、腿骨折、緊急手術、縫針，拐杖、傷疤。停滯的運動能力、進步的巔峰。奧運選拔賽獲勝，腳骨折，放棄奧運。在固定自行車上療癒難以言喻的心碎，一輪又一輪地療癒身體。

消極情緒並沒有籠罩他。他的大腦習慣擺脫「尚未」的想法，即使只有六星期的準備時間，他也能夠，並且願意參加比賽。

這是他與命運拉扯的一部分，也是他將如何結束二〇二一年如雲霄飛車般賽季的方式：從傷病中恢復，終於，準備參賽了。終於，教練沒有設定目標。教練的期待是挑戰他自己，盡力而為。卡姆沃羅也很清楚。

對卡姆沃羅來說，過去幾年瓦倫西亞是一座一直很友善的城市。二〇一八年，他在這裡成為半程馬拉松的世界冠軍，也許這裡將標誌著他將重返榮耀。

二〇二一年十二月五日星期日，汗水從卡姆沃羅的臉上流下來。當他踏上溫暖的柏油路時，他的雙腳靈活而輕盈。今天早上，在瓦倫西亞（西班牙語稱為「Ciudad del Running」，意為「跑步之城」）與他平常的周日有所不同，平常的周日他會在埃爾多雷特的家裡，與孩子和妻子一起休息。但他的日常行程被一個辛苦的但令人喜悅的任務打亂了，在他的身體痊癒後，他終於參加了馬拉松比賽。問題不是他能否達到比賽標準，而在於他能跑多好？

在男子菁英中進入速度最快的前十名選手中，有一點值得注意。今天這樣的結果，是對這整個過程一直懷抱信心的人才能走到的。儘管這個過程因為多次的挫折而受到阻礙：手術、足部骨折、錯過奧運。身體上的障礙超過精神上的障礙。他的心裡似乎有一個鐵定的安排，一個沒有說出來的誓言。他的內在意識看見到光明。「我會盡力而為。」比賽前六天他說。直到這個周日早上，這句話都會一直在他的意識中湧動。

卡姆沃羅這次上場的目標是爭取排名，而不是個人最佳成績。不再缺席，比賽是對他的意志累積的考驗。有一天，卡姆沃羅在訓練營提到了未來的一個目標，像瓦倫西亞這樣的馬拉松比賽，將使他為更大的目標做好準備。

「我一直在追隨他的腳步，」卡姆沃羅談到基普喬蓋時說道：「我想做的不僅僅是他在馬拉松中所做的事情，我只能這樣說。」

「他始終相信自己所做的事情。他總是說，『一切皆有可能。』」卡姆沃羅說，他們兩人經常開玩笑。「我告訴他，『我的朋友，你現在打破了紀錄。當我完全返回馬拉松比賽時，我會打破你的紀錄。』」

「如果你能打破我的紀錄，那是件好事。」基普喬蓋回應說。是件好事。

嘗試跟著基普喬蓋足跡的朝聖之旅，是一件偉大的事。但這個人必須經過訓練才能做到這一點。這個人的表現必須保持一致。這個人必須擺脫精神桎梏，他必須毫無掛礙地參加訓練，他必須毫無掛礙地出現在比賽中。

在瓦倫西亞，卡姆沃羅證明了他的穩定性。他的步速波動很小：四分四十八秒、四分四十六秒、四分四十八秒、四分四十八秒、四分四十九秒、四分四十九秒、四分四十九秒、四分四十八秒、四分四十九秒。這種模式讓他以兩小時五分三十三秒的成績到達終點線，比冠軍的肯亞選手勞倫斯·切羅諾落後十一秒。他在比賽中獲得第四名，也是卡姆沃羅在長距離比賽的生涯最好成績。

「我為他感到高興，」桑說：「他已經成熟了，他了解自己。」

卡姆沃羅一步一步地繼續挑戰自己，而且他做到了。「我的人生有很多目標，」他說：「當時機到來時。」

重建

十二月中旬，在肯亞西南部馬賽馬拉國家保護區（Maasai Mara National Reserve）的某個地方，一頭大象站在溪流中，用鼻子拉扯頭頂樹枝上的樹葉。牠在這裡的存在，證明這裡的生活是舒適的，儘管肯亞這裡周圍一千五百平方公里的大部分地區，可能情況並非如此。長期的乾旱使莽原變成乾枯的色調——棕色而鬆脆的草原上到處是龜裂的泥塊，若非乾旱的緣故，其中本來可能有些會是水窪。

一位狩獵導遊很肯定地說，塞倫蓋提（Serengeti）的這一部分被稱為「馬拉」（the Mara），通常不會看起來如此乾枯和蕭條。正常情況下，這裡的大地每個月的降雨量是八十六毫米。但這位導遊粗算，這個充滿野生動物的保護區已經大約十二個星期沒有下雨了，而且這種情況還在持續。

在平常的時候，這片大地看起來浪漫得多——綠色的高原和水量充沛的溪流，是「五巨頭」（獅子、大象、水牛、豹和犀牛）與「九巨頭」（再加上長頸鹿、獵豹、河馬和斑馬）田園詩般的天堂。牠們是這裡近九十種哺乳動物的一部分，也是每年吸引成千上萬名國際遊客到此一遊的原因。

如果惡劣的天氣條件持續下去，環保人士的擔憂也會延續，他們指出，降雨減少會嚴重影響這裡萬物的生命。例如，非洲牛羚大遷徙時，大約有一百五十萬頭牛羚，伴隨著數十萬隻斑馬、瞪羚和其他野生動物大軍，在坦尚尼亞塞倫蓋提廣闊的平原上一起移動數百甚至長達兩千英里，向北到達肯亞的馬賽馬拉。這段遙長的旅程是一場生存鬥爭，這些動物容易受到掠食性的獅子和獵豹，以及在格魯梅蒂河（Grumeti）和馬拉河經常出沒的尼羅河鱷魚侵擾。

每年春季開始的動物大遷徙，被認為是地球上最偉大的野生動物奇觀之一。為了尋找更綠草地，動物們的遷徙腳步是由天氣模式決定的。但這裡的降雨仍然難以預測，不僅在這裡，全國各地都是如此。這對農田的損害尤其嚴重。

「氣候變遷是真實存在的，」桑說了好幾次：「天氣越來越熱，而且（極端氣候）的情況越來越糟。二〇一九年我們受傷的原因，大部分都是因為下了很多雨。從二〇一八年開始，雨水變多。」

桑的運動員了解周遭環境所傳遞的訊息，基普喬蓋看得更清楚。他知道教育是幫助肯亞人適應氣候變遷的關鍵。二〇二一年九月，他正式成立了「埃利烏德．基普喬蓋基金會」（Eliud Kipchoge Foundation），這個基金會有兩個主要的目標：保護環境，並協助肯亞乃至肯亞國境之外的教育計畫。

基普喬蓋從小就是喜歡看書的人，他堅持要讓年輕人有更多機會接觸書籍，他認為書籍是有助改善社區的強大工具。當他談到自己的目標是在全國乃至世界各地的所有學校建立圖書館，以便孩子們能培養對教育的喜愛時，他的聲音變得昂揚。

「我相信有一天會萬事俱足，我們將在全國建立圖書館。」他繼續說：「肯亞結束後，我想去烏干達。還有盧安達、剛果。我們需要讓這些孩子離開礦區，讓他們去上學。這是帶來發展的唯一途徑。」

學習是不分年齡的。「教育沒有贏家，」基普喬蓋說：「從無限的角度來思考。」他指出了教育在運動裡的價值，說教育對全面發展的必要。基普喬蓋解釋，業餘人士和專業人士之間存在明顯的區別，包括他如何運用他的大腦。一個人可能幸運擁有全世界最優秀的天分，但這並不一定能讓他歸類為專業人士。

「即使在奧運或世錦賽上，你也可以有兩種世界冠軍或兩種奧運金牌得主。一種人可能是業餘人士，一種人可能是專業人士。業餘人士就是⋯⋯如果下午四點有訓練，他可能會先趕去鎮上做其他事情，那真的是業餘人士。真正的專業人士是以專業的方式對待他所做的每一件事。」基普喬蓋解釋道。

「如果你受過教育，並且將教育與天分結合起來，你就能走得很遠。你可以增進這種才能，」基普喬蓋說：「成為專業人士，部分就是透過教育來調整你的心智。如果你缺乏教育，你就不可能成為專業人士，絕對不可能。」

在環境方面，基普喬蓋於二〇二〇年六月認養了五十公頃的卡普塔加特森林。「我相信，只要我們齊心協力，我們就能讓旱地再次變綠，這對生物多樣性、水資源供應和健康的食物，都會產生巨大的影響，」他在他的基金會網站上表示。他的動機是要種更多的樹，並充分利用農場。「沒有森林，你就無法呼吸。」他與這個基金會合作的第一階段計畫的一部分，就是在肯亞所有的四十七個郡種植森林。

「只種本土樹木，」他說：「它們生長緩慢。從獲取木材的角度，沒有人對本土樹木感興趣。（樹木生長）需要五十多年的時間。這是保護環境的一種方式。」基普喬蓋解釋。

他從卡普塔加特開始，希望說服每個郡保護一部分的森林，用柵欄圍起來，種很多樹。他希望將這個想法散播到東非各地，進而散播到整個非洲大陸。

為了宣揚環保議題，二〇二一年十一月初，基普喬蓋出席了在蘇格蘭格拉斯哥舉行的聯合國氣候變遷大會，那場會議有一百多位世界領導人齊聚，承諾減少氣候變遷的影響。其中包括宣布在二〇三〇年前，要結束並扭轉森林砍伐的現象。基普喬蓋與甘耶達總統一起代表肯亞發言，陳述非洲在氣候危機上的心聲。

甘耶達總統發表肯亞的國家聲明，他說：「在肯亞，洪水和乾旱等極端天氣事件每年導致我們國內生產毛額損失百分之三至百分之五。此外，它們還加劇了糧食不穩定，引發社區內部分裂和國家之間對資源的競爭。」

赤道橫跨肯亞中部，該國的季節有長期和短期的降雨。氣候變遷使得這些季節變得越來越難以預測。基普喬蓋在近五分鐘的演講中說，雨季「幾乎沒有水，而有時又多到淹沒我們的農田，毀掉所有農作物。」

基普喬蓋說：「有些西方國家在數據和科技方面非常先進，但他們對氣候雖然最先感覺到，卻沒有足夠的作為，而我們在非洲的感受是如此真切。」他敦促西方領導人與非洲合作，應對氣候變遷。

基普喬蓋身為一個人，以身作則，就像基普喬蓋身為一名運動員一樣。

正如桑所說，基普喬蓋是有自我意識的。當每個人都尊敬你時，你就成為了模範，「如果你不將這些信念內化，你就不明白自己是誰。那麼你就會以狹隘的方式看待運動，」桑說：「跑步只是人生的一小部分。還有很多其他與人類生活相關的事物，與跑步沒有直接關係。」

先成為人生的學習者，然後才是成為運動員。這是實際上的旅程。

×××××

距離聖誕節還有四天，地面傳出腳步踩踏的無聲合唱。三十幾名運動員為早晨的召喚，奉獻出他們又長又瘦的肌肉：兩千公尺五趟，隨後是一千公尺五趟。

金亞馬爾強壯的股四頭肌套上了黑色緊身短褲。當他的肌肉在早晨的反覆訓練中鍛鍊時，他的肺部隨著稀薄的空氣而震動，他的嘴張著，一副很努力的樣子。教練說，來到這裡就是要進行一場必要的奮戰，這是登上頂峰的基石。

他們在訓練時，幾乎不眨的雙眼定睛於各自的目標殿堂。有些人的臉上寫滿了堅毅的表情，彷彿他們的意志正在受體能的考驗，而且一心一意要贏得比賽。桑的白色耐吉運動帽保護他的頭部，免於四周狂風的吹襲。這陣陣的風拍打樹木，將鬆散的泥土吹到空中，平常的太陽躲在灰色雲幕後面。今天不會溫暖了，今天是一年中最短的一天，增添一層衣服是必須的。「這是冬天。」桑開玩笑說。從技術上來說，冬至標誌著北半球的天文冬季，但也意謂更多陽光將要回歸。

生活的節奏何時才會放慢？桑還在訓練營。他仍持續他的工作，儘管他承認由於年齡的關係，他想把腳步放慢一些。「承擔責任需要很大量的精力。」他一邊說，一邊打心裡笑出來。

教練在一些訓練中會咯咯地笑，可愛的回聲可以從田徑場的半路中聽到。從同樣的距離看過去，基普喬蓋被擠在一列三十多人的隊伍中，他們全跑在第一跑道。他既融入其中，又能被一眼看見。寬大、有活力的步伐，穩定而不知疲倦的姿勢，彷彿他的跑步是為了展現切實的完美。基普喬蓋咻地跑過一根插在地上的竿子，竿子上還掛著一個標示兩百公尺的塑膠瓶。他所在的團隊就像一列跑步車隊，每位運動員都很有默契地互相間隔。

賈桂琳．切普科奇是按不同步速分組的運動員之一。她的訓練比較獨立。隨著經驗的增加，她的跑步成績越來越好。四個月前的八月二十日，在奈洛比舉行的世界U20田徑錦標賽時，切普科奇在莫伊國際體育中心舉行的女子三千公尺障礙賽中，大部分時間都是獨自跑。正如她在這次比賽之前所做的訓練，她在七圈半比賽中的第一圈，就拉出了三十公尺的領先優勢。她的努力使她獲得了金牌，並締造了個人紀錄，成績是九分二十七秒四〇。這是一場得來不易的勝利，尤其是在她參加奧運選拔賽獲得第四名，以些微差距錯失肯亞代表隊席次之後的勝利。她興奮極了，隨即繞場一圈，慶祝她的勝利。桑因而給她取了一個綽號：「冠軍」。

這位冠軍計畫參加二〇二二年的成人比賽，包括在英國伯明罕舉行的大英國協運動會，這是參加其他知名國際競賽的跳板。就像今天在場的每一位運動員一樣，她明白繼續提升自己的成績所需要的交換條件。她不停歇的驅力會得到什麼結果呢？

「請記住，機會只有一次。」莎莉．契皮耶戈在訓練結束後的一個半小時集會上，向整個訓練營講話，這場集會在上午十一點開始，也就是在運動員們陸續離開跑道後的一小時又四十四分鐘。「我們能在這裡，是很幸運的。」

這次集會以契皮耶戈的祈禱開始，教練和運動員從他們圍成一圈的白色塑膠椅子上站起來：

> Tunashukuru mungu kwa huu mwaka ambao tumepata mafanikio. Pia tunapoanza mkutano hii mungu utupe maarifa na utuongoze. Naomba haya katika jina la yesu kristo，aminina。
>
> 當我們迎來新的一年時，我們感謝上帝讓我們渡過了成功的一年。隨著我們開始這次集會，願上帝賜給我們智慧，並引領我們。我奉耶穌基督之名禱告。

坐下後，基普喬蓋的腿上放著一本打開的筆記本，他的手轉著一支藍筆。他戴著藍色口罩，仔細聆聽物理治療師彼得．恩杜伊講話，他在會議中繼續討論對

COVID-19的擔憂，以及新變種Omicron的不確定性。他提醒大家，隨著兩星期的假期即將開始，遵守負責任的防疫措施比以往任何時候都更重要。保持社交距離。如果感覺到任何症狀，請尋求醫療專業人員協助。話鋒一轉，他繼續談到有關照顧身體的指示，例如睡覺的床墊會影響背部。他說，也要照顧好跑步裝備。破舊的鞋子會影響表現。運動員點點頭，同意他的話，也把這些話聽進去。

集會開始三十分鐘後，輪到桑站在圓圈的中心繼續。「我關心自己的安全。」他開始說。桑注意到有陌生人會來一起參加訓練，他想要控制這個團體。訓練營中的許多運動員會贊助並支持住在附近、但不受訓練營管理的跑步人才。桑澄清說，二〇二二年一月四日開始，教練團應該被告知哪些非官方管理的人員要與團隊一起訓練，他們必須是好人。

他繼續說到行蹤的問題，以及一個由「世界運動禁藥管制機構」（World Anti-Doping Agency）管理的註冊檢驗庫（Registered Testing Pool），要求一群頂尖菁英向世界運動禁藥管制機構說明他們的所在位置。

令人遺憾的是，在現代運動競賽中，表現增強藥物的危險誘惑已經不可避免。從游泳到公路自行車和美國職棒大聯盟，運動員在為自己的名聲和提高自己在體育運動中的價值而奮鬥時，必須努力避免服用禁藥的誘惑。菁英馬拉松運動員和田徑運動員也不例外。

隨著肯亞的田徑聲譽日益受到批評，桑對這個問題的關注度也加深了。發展全人精神，以及強調訓練營的社群精神，是他幫助運動員抵擋住那些可能被鼓勵使用禁藥的人影響的方式。

「有人可能有資格，但錯過冠軍。當你名列在Whereabouts（行蹤）裡時，我認為你最好就是確保你遵循這些規則，因為有些人可能會傷害你。」桑說。有一次，一位「田徑誠信委員會」的人員半夜打電話給他，詢問某位運動員的狀況，桑並不知道他的名字被當成連絡人。「從一月開始，我們希望是一個較小的團隊，我們認識的人，」桑說：「我們需要緊密一點，這樣我才能知道你已經把我寫在連絡人的名單。」

「從道德的角度，你不想請他們離開。」他談到慕名而來，繼續參加訓練的外來者時說。但同時，「當團隊規模較小時，你可以提供較好的服務。」他指出。

切普科奇靜靜地聽著。當她坐著時，雙手交叉放在膝蓋上，左手腕上露出一支標有「埃利烏德．基普喬蓋基金會」的粉紅色手環。一隻蒼蠅在她的腳趾上爬過，從她的腳趾甲可以看出她對這項運動超乎常人的付出。她的腳趾甲粗糙、短小、有刮痕的表面從未修剪過。

幾位運動員陸續分享了一些話，包括拉邦．柯里爾在內。金亞馬爾以馬賽人一種有節奏的鼓掌方式結束了這次的會議，他示範了這個節奏。拍。拍。拍—拍。這群人依著他的指示：拍。拍—拍；拍。拍—拍；二次，拍。拍—拍。三次，拍—拍。四次。

中午十二點半，他們休息享用有米飯和豆類的午餐，簡單、完整、有營養。

這是訓練營裡的生活。

——從長遠看來

「當時我在台北。」桑開始講述一個過去的故事，他回憶起一次難忘的晨跑，當時他看見一大群人在一個廣場上一起運動。* 之後，一個念頭閃過他的腦際：如果他要離開自己的祖國，他會想要移居到類似這樣的一個環境，人們聚在一起，是為了一起做些健康的活動。這是一種心態，也是一種生活方式。「想像一下，如果我住在一個有好幾百個這樣的人的地方，」他說：「這種正能量是驚人的，經常運動的人沒有時間做消極的事。」

不當教練後，將會有另一種生活方式，也許桑不再一個人下午去跑步了。生命的下一章是什麼？桑還不知道，儘管他笑著說出了一件確認的事：「我想用不同的方式體驗人生，」他說：「我比較想對自己負責。」

也許他之後的人生會加入環遊世界的選項。南美洲在他的旅遊目的地名單上，波札那和盧安達也是，他說後者會是一次學習的體驗。「我對他們的願景非常感興趣，」桑說：「他們的願景是由稱為『烏本圖』（ubuntu）的精神所驅動的。目標一致，互相關照。這是非常豐富的人類價值。」

目前，桑將繼續影響和豐富他的運動員的人生。雖然他不再承受奧運的壓力，但他的行程安排尚未明確。他有一些目標、有夢想要實現、有更多的運動員有待培養——要變得更強壯、更快，要學會如何忍耐與堅持。要誠實。要有紀律。要負責。要專注。

在學習如何成為更好的跑者的過程中，他們也學習如何成為一個更好的人。

馬拉松運動員契皮耶戈呼應了一種大家共同的想法，也就是訓練營的生活和訓練教會了她如何面對人生。「你一生中所做的每一件事，都要全力以赴。」她簡單地說。一切皆有可能。

* 譯註：桑與基普喬蓋曾於二〇一七年應運動用品廠商邀請來台三天，其中一天的行程是台北城市路跑，從他們跑步的路線來看，桑在這裡指的可能是國父紀念館廣場上的運動民眾。

面對殘酷的現實時，這些話值得牢記：運動員的職業生涯終究會結束。當運動員必須調整方向時，當他們無法跟上時，跑步以外的人生是什麼樣子？有些人說到進入商業領域。契皮耶戈考慮繼續當教練。基普喬蓋則將教練一途視為他未來主要努力方向的「配菜」；他主要努力的方向，是環遊世界激勵年輕人，並鼓勵其他人讓跑步成為一種生活方式。他希望透過他的基金會，做更多這類的事。

「當你激勵某人時，」基普喬蓋說：「那是最幸福的時刻。當你觸動了某個人的心，改變了某個人的生命，甚至改變了他的思考方式。這是最棒的事。」

×××××

早上六點十一分，當維克多．楚莫踏上柏油路時，露珠似乎已經沾滿了每一片草葉。夜裡的傾盆大雨過後，部分道路上留下了一層輪胎輾過後的薄薄泥巴。最近的降雨不太可測。桑必須提前規劃。

「我們設計培訓計畫的方式，可能會有一些改變，」桑補充道：「在泥土路上跑和在柏油路上跑的時間是不一樣的。當您監控成績表現時，你必須注意自己沒有在鬆軟的路上跑，在軟土路上跑比較費力。」

楚莫穿著緊身黑色短褲和黑色長袖，內搭白色T恤，準備好在周四清晨來回跑三十公里。這個指令是「輕鬆的配速」，對他來說，這意味每公里四分鐘。「我很享受這個速度，」他說：「沒有壓力。」

楚莫起跑了，他是三十幾個人中的一位。每個人都在這裡為團隊增添一層耐力和精神的穩定性，這些流動在路上交錯成一個有凝聚力的心跳。沒有音樂或閒聊來分散他們對這次訓練的身體和心理的注意力，只有肺部呼吸空氣和雙腳接觸地面的起落。

這次訓練是一堂感官的專注練習。當楚莫的肺部吸氣和呼氣時，他感受到柏油路的光滑平坦，他默默地告訴自己要堅持下去。日復一日，繼續堅持下去。這就是他將如何實現一項特別珍貴的目標——參加他的第一次馬拉松賽，這是通往他心中的目的地的墊腳石。在另一個明日，他想參加紐約馬拉松。「競爭」是婉轉的措辭。他想贏——是的，他把它大聲說出來。

在另一個未來，楚莫已經開始思考跑步後的人生。他談到想要繼續參與這項運動，除了進行勵志演講之外，還想擔任評論員。他對知名演講的書籍很感興趣，例如他在休息時間閱讀的《世界上最偉大的一百場演講》（*100 World's Greatest Speeches*）。這種人生與他成長過程中的想法，大相逕庭。他原本想在肯亞當一位導遊；他想學習幾種歐洲語言。隨著他對跑步的興趣加深，這個計畫也改變了。當他決定將跑步提升到另一個層次時，他覺得有必要走另一條路。

天幕上的星星已然消散，變成了純淨的蔚藍。當楚莫在卡普塔加特一條幾乎空曠的道路上，朝向埃爾多雷特奔跑時，太陽掛在他身後。看起來，他似乎在追著自己被拉長的影子。從某種意義上來看，那正象徵著更快版本的自己的剪影。想要在初馬賽中跑出兩小時五分的自己。

一個真實的人在他的面前，他是一位身高一六七公分、體重五十七公斤的心靈導師，他邁著充滿活力的步伐，看起來彷彿精力過剩。這位唯一戴著白色耐吉運動帽的人融入了隊伍。基普喬蓋的螢光色及膝襪包裹著他肌肉線條分明的雙腿。他專注於步伐和道路。我們達標了嗎？能量還夠嗎？他的想法就在當下。但有時，基普喬蓋的思緒會飄向其他事物。

「當我跑步時，我的大腦會浮現很多想法。」基普喬蓋說。有時這些想法與他的鞋子和服裝有關。其他時候，他會思考跑步的偉大性和可親近性。有一天，基普喬蓋希望他的一個想法可以成真：「讓世界各地的人們同時跑步。一切都可以停止，我們來跑步。」

「同心奔跑」是基普喬蓋想要傳遞的訊息：「透過跑步讓人們以和平的方式聚在一起。我們需要一起思考，我們所有人都來自人類大家庭。」他說，唯一的區別是膚色，「我們需要坐到談判桌前，照顧好這個星球。如果你們同心奔跑，你們就會一起思考，一起發展，這是享受生命的方式。」

是的，跑步有能力做到這一點，基普喬蓋說。

桑的眼睛從支援車的車窗往外看，車窗上滿是冷冽清晨的凝結水珠。他觀察著基普喬蓋努力的模樣，穿著綠色制服的孩子們也是，他們靜靜地站在路邊，栗棕色的眼睛充滿敬畏。他們認得出這位馬拉松之王嗎？或者他們只是被他的步伐催眠般的節奏迷住了？

這一刻似曾相識。孩子們注意到基普喬蓋，就像基普喬蓋小時候看著桑一樣。

——後記

每一天，卡普塔加特都會以獨特的光亮醒來。當太陽開始向世界普照時，數十雙腳有目的地踏在地表。在柔和的晨光下，輕盈的身影安靜地開始工作，飛快地在地面上留下腳印。他們的投入是不言而喻的，可說是透過一種純淨而自律的生活方式來體現，在同一屋簷下，透過團結來驅動，也透過團結賦予他們更大的能量。

在肯亞期間，我認識了斯瓦希里語的一個短語：tun akawana jua，意思是「我們擁有共同的陽光」（We Share the Sun），這也是本書書名的靈感來源。

這種共享的光帶有特殊的份量，而且在世界各地的不同文化中都受到特別的敬重，包括在肯亞。該國的卡倫金人社群傳統上崇拜太陽，一個被稱為「阿西斯」（Asis）的至高神。

太陽的力量為所有的生態系提供了生存所需的生命能量，也是刺槐生長的動力。

刺槐是肯亞的國樹，即這本書封面上所描繪的，具有其意義。正如基普喬蓋曾經告訴我的，刺槐是「最好的樹」，能夠在惡劣的條件下生存。刺槐非凡的韌性是毅力的象徵——也是桑和他的運動員所體現的特質。

誌謝

寫一本書確實是一種特殊的特權，同時也帶有巨大的責任。這個過程一再考驗我的紀律和勇氣。雖然《驕陽下，我們一起奔跑》是一個單獨的計畫，但書寫的過程是我所學到的關於講故事的一切結晶。這是我從小就註定的夢想，許多人帶給我走這條路的機會，讓我實現這個夢想。

我對寫作的喜愛從小就開始了，小時候母親經常為我讀書，經常帶我去當地的圖書館。我的天性對體育部分感興趣，不知不覺中為未來的體育媒體職業做好了準備。我對閱讀的熱情很快就轉化為寫作。我很慶幸自己在很小的時候就明白了自己的方向，而且有很好的模範。

我感謝許多人的鼓勵，首先是我的祖母金妮（Ginny），她慷慨無私的原則和開放的思想，教會了我必要的道德和真正的生活方式。

Karen Gerboth 是我大學時的第一位編輯，她有個機會聘請了一位堅持不懈的大三學生作為寫作實習生。十六年來（而且還在繼續），妳的影響力一直影響著我。

感謝我成為專業人士後，幫助我塑造我的寫作生涯的編輯們，這段旅程從 Rachel Trem 開始，我剛大學畢業時，她將我帶入了她的編輯團隊。我很高興能與這樣一位自信、泰然自若的女性一起工作。

Ben Sylvan 幫助我繼續我的寫作之旅，並於二〇一一年將我帶到了紐約。還有 Derek Samson，我的前編輯，現在的心靈導師，他始終了解我的能力，我能將寫作變為現實，他是很重要的人物。

如果沒有 Jessica Case，這本書就不可能完成，她看到了願景，並毫不猶疑地相信我。我很幸運我們在人生道路相遇，妳允許我以我一直想要的方式表達我的寫作。我也感謝 Pegasus Books 的團隊非常小心地處理我的稿件。

非常特別感謝 Michael Petrik，他是一位超棒的人，也是心靈導師，他認識我近半輩子了。我很感謝你在整個寫作過程中的陪伴。感謝你願意參與其中，感謝你的坦誠、建設性回饋、鼓舞的話，以及關於寫作、跑步和生活的精彩討論。

Eddy Cramm，像你這樣的朋友是我生命中的禮物。

Wan Man，我見過最踏實、最忠誠的人之一。我特別感謝你在整個專案中的支持和熱情。謝謝你的一切。

感謝 Emo Rugene，感謝你的時間、精神和鼓勵。

Amanda Hudson，妳有一雙非常美麗的眼睛，我感謝妳為這本書封面的出色設計。

我特別感謝肯亞的許多人。Albert Kibet，他清晨五點便開車送我往返於伊騰和卡普塔加特之間。我很感激你總是照顧我，感謝我們之間有深度的談話。感謝那些在肯亞和我一起經歷過部分旅程的人，你們的鼓勵總是讓我微笑：Hendrik Pfeiffer、Simon Kohler、Julian Alonso、Marcela Joglova、Marije Geurtsen。感謝 Iten Accomodation 的 Hugo van den Broek 與 Hilda Kibet，這是一個寫作的特別地點。Carolyne Jepkosgei and Chris de Lie, C&C 讓人賓至如歸。謝謝你們對我的歡迎。Caroline Kibet，你以無法用言語表達的方式激勵著我。Brother Colm O'Connell，每個人都應該幸運見到你。謝謝你的關心，也謝謝你讓我開懷大笑。很多的大笑。

感謝激勵我的閨蜜們：Rachel Wang、Nadin Duit、Lieve Leijssen、Rebekah Madebach、Megan McCormick、Alea James、Sofia Hedstrom De Leo、Melanie Sullivan、Anna Marshall、Mariana Salem、Ines Marquardt、Lindsay Novis、Miya Signor、Sara Little、Petra Krause、Caitlin Boston、Anna Freyman 和 Nailya Bikmurzina。

還有其他以某種方式支持這趟旅程的朋友：Nacho Valle、Rune Revsbæk、Réamonn Byrne、Tobias Singer、Josh Staph 和 Jack Staph。Daniel Bach，我很高興有你的友誼和你的鼓勵。Nick Barili，你是一個很棒的人，我很感激在我完成編輯過程的最後階段時，你給我的振奮談話。

感謝我的經紀人Justin Brouckaer 在初期的鼓勵和批判性思維，並且幫助我將想法變成現實。

Michel Boeting，謝謝你接受我們的訪問。

感謝那些給我們時間和話語的許多超厲害、激勵人心的運動員和人們，特別是埃利烏德・基普喬蓋、傑佛瑞・卡姆沃羅、費絲・基皮耶貢、維克多・楚莫、拉邦・柯里爾和喬納森・柯里爾。還有全球運動傳播訓練營的其他運動員，謝謝你們對我的歡迎。感謝喬斯・赫門斯，謝謝您的時間，和您的熱情！

最重要的是，感謝派翠克・桑。我很感激您為我打開大門，感謝您的信任，感謝您的智慧，感謝您的時間。感謝您為世界帶來正面而有力的啟發。

驕陽下，我們一起奔跑：肯亞傳奇跑步教練與地表最速跑者的奇妙旅程；莎拉．吉爾哈特（Sarah Gearhart）著；游淑峰 譯－一版 .-- 臺北市：時報文化，2024.6；360 面；14.8×21×1.75 公分 .--（身體文化；187）｜譯自：We Share the Sun: The Incredible Journey of Kenya's Legendary Running Coach Patrick Sang and the Fastest Runners on Earth ｜ ISBN 978-626-396-285-9（平裝）｜ 1. 桑（Sang, Patrick, 1964-）2. 傳記 3. 教練 4. 賽跑 5. 肯亞｜ 786.568 ｜ 113006393

身體文化 187

驕陽下，我們一起奔跑

肯亞傳奇跑步教練與地表最速跑者的奇妙旅程

作者：莎拉·吉爾哈特（Sarah Gearhart）
譯者：游淑峰
主編：湯宗勳
特約編輯：林芳如
美術設計：陳恩安
企劃：鄭家謙
書封照片：Jason Suarez

董事長：趙政岷｜出版者：時報文化出版企業股份有限公司／108019台北市和平西路三段240號1-7樓｜發行專線：02-2306-6842｜讀者服務專線：0800-231-705；02-2304-7103｜讀者服務傳真：02-2304-6858｜郵撥：1934-4724時報文化出版公司／信箱：10899台北華江橋郵局第99信箱｜時報悅讀網：www.readingtimes.com.tw｜電子郵箱：new@readingtimes.com.tw｜法律顧問：理律法律事務所／陳長文律師、李念祖律師｜印刷：勁達印刷有限公司｜初版一刷：2024年6月28日｜定價：新台幣500元

WE SHARE THE SUN by Sarah Gearhart

ISBN：978-626-396-285-9
Printed in Taiwan